«VARIA»

Domitilla Crespi di Lavagna

ATTRAZIONE TRIONFALE

Sperling & Kupfer Editori

ATTRAZIONE TRIONFALE

ISBN 88-200-2449-7
33-I-97

Introduzione

Perché gli uomini veramente interessanti non alzano più le chiappe neanche a pagarli. Presa d'atto della nuova realtà e ripensamento di regole ataviche. Elogio dell'ossessività

Molte ragazze e donne, spesso intelligenti e belle, non riescono oggi a trovare l'uomo per loro. Per questo, stanno tornando di moda i vecchi precetti della femminilità di una volta, che prescrivevano passività, bugie, intrigo e calcolo pur di acciuffare un marito. Ora, bugie, intrigo e calcolo sono attività tutt'altro che disprezzabili, che in questo libro troverete incoraggiate apertamente. Ma la passività, in questi tempi difficili, procura disastri. Oddio, per carità: le «Regole» femminili, come si chiamano oggi quei luoghi comuni e precetti, sono per molti aspetti validissime. Ma validissime in una società in cui il matrimonio è l'unico lavoro e l'unica fonte di sopravvivenza e anche di status. Oggi, per fortuna, non è più così. Certo, forti ansie ataviche, desideri di protezione, voglia di legittimazione persistono. E sono proprio quelli che mandano in bestia gli uomini: che non sono più i capifamiglia né «quelli che portano lo stipendio a casa» (per vivere decentemente ce ne vogliono in genere due); però, secondo le loro fidanzate e pretendenti, dovrebbero essere comunque forti, affettuosi, protettivi, insomma uomini veri. Moltissimi non vogliono starci, e dal loro punto di vista non hanno neanche torto. Oltretutto, se appena decenti, i Tizi sono richiestissimi, e possono fare quello che gli pare: fare i giuggioloni fanciulli eterni, trovarsi l'ultima mogliettina devota e sottomessa rimasta in città, diventare gay.

Per questo, ragazze e donne contemporanee hanno bisogno di nuove regole. Più moderne, più flessibili; a volte più brutali, ma in fondo meno ciniche delle vecchie. Perché tengono conto della psiche degli uomini ma anche dei sentimenti e delle paure delle donne; e soprattutto dei sentimenti più bassi e vergognosi che ambo i sessi covano. Sono regole che vanno seguite con determinazione e spirito di osservazione. Non come una campagna bellica ma come una strategia di marketing. Regole, però, che vi costringeranno a correre dei rischi; dovreste perciò rivedere il vostro pensiero sul corteggiamento attivo da parte vostra (voi che tacchinate il Tizio) e sul possibile rifiuto delle vostre attenzioni (il Tizio non vi fila neanche a piangere in cinese). Rendetevi conto di un fatto importante: se siete fiere, o aspirate a essere libere come un uomo, far carriera e guadagnare come un uomo, dovete essere anche pronte a corteggiare come un uomo e, come capitava agli uomini di una volta, a prendere dinieghi, buche e qualche vaffanculo con eleganza e nonchalance.

Ricordando che, in quanto donne, avete una marcia in più: una maggiore tendenza all'ossessività in amore. In genere, è un guaio. Ma se saprete usare in modo furbo il vostro essere ossessive, ne trarrete la costanza e la determinazione che portano alla vittoria.

Dovete essere determinate e serene, quindi; ma evitate gli eccessi di antagonismo.

Ovviamente, il Tizio da voi puntato è, sotto molti aspetti, un avversario; ma deve diventare, se i vostri piani vanno a buon fine, uno straccio di compagno di vita. Va quindi pensato, e in caso trattato, da essere umano come noi.

Difficile? Ma no; basta un piccolo sforzo di fantasia. Per dire: le vostre amiche voi le capite benissimo. Tentate quindi di applicare le stesse categorie, di provare la stessa empatia. Lui, forse, ve ne sarà grato.

Per saperlo, non avete che da seguire i nostri consigli passo passo. Eccoli a voi, e buona lettura.

Regola 1

In amore vince chi insegue per un po' (i tempi sono cambiati)

Una volta c'erano le regole delle nostre nonne: non concedersi perché gli uomini non rispettano le donne che la danno; in amore vince chi fugge; fai la preziosa e vedrai che faranno quel che vuoi tu, eccetera eccetera. Tutte idee giuste e tragicamente attuali. Ma due nuovi fattori stanno cambiando il gioco e non possono essere ignorati.

Uno è la tiepidezza maschile: tante donne fanno sesso senza problemi, e l'eccesso di domanda non accende gli istinti e non produce senso di trasgressione.

L'altro è la minore necessità attuale di acciuffare un uomo: finito l'obbligo di trovare un marito scopo mantenimento, il desiderio di essere sposate o fidanzate stabilmente deriva da sano bisogno sessuale, ma non solo; nella ricerca di un compagno-marito c'è anche una malsana sindrome abbandonica e una inconfessata esigenza di status sociale. Tutte motivazioni di cui le donne sveglie e sensibili a vari livelli si vergognano; per questo sono spesso meno brave nell'acciuffamento delle sceme-e-di-coccio.

Però il problema c'è. E se la sindrome abbandonica e il desiderio di riconoscimento sociale esistono, non è giusto né reprimerli né disprezzarsi. Una volta accettati, però, è inutile scimmiottare le sceme-e-di-coccio interpreti delle saggezze tradizionali (in amore vince chi fugge eccetera). D'altro canto, buttarsi all'attacco con la mutanda in bocca resta un atto dissennato; ma anche non telefonare, non parlare, non invitare, non prendere mai iniziative è rischioso. Una poveretta può finire sola per un sacco di tempo, rinunciare a storie magari senza futuro ma con un succoso presente; vedere, se capita, pezzi di vita e di mondo. E tenere presente che gli uomini di oggi sono troppo pigri, demotivati e soprattutto corteggiati. Ogni Tizio vagamente decente ha almeno cinque-sei aspiranti desiderose di acciuffarlo per una notte o per sempre. Voi avete dunque un'unica chance: **colpirlo** con qualche vostra interessante qualità, resistere agli **scherzi del destino** con una forza che lui non ha, assumere, una volta completato l'acciuffamento, una leadership discreta. O anche non discreta, dipende dai tipi.

Questo significa che dovrete mettervi a

lavorare. Far lavorare i muscoli (lo sport FA BENE, e poi nello spogliatoio della palestre incontrerete un sacco di donne con più cellulite di voi, e questo vi farà sentire belle e la vostra luce interiore da compiacimento attrarrà dei Tizi), ma soprattutto il cervello.

Per capire se il Tizio va bene per voi ci sono metodi semplici. Il feeling sessuale, sostengono alcuni studiosi, lo si capisce nei primi quindici secondi. Per il resto, si possono sempre fare indagini. Una volta appurato se vi piace e com'è, bisogna elaborare una strategia. Che va perseguita con calma, e senza soffrire se c'è da ricorrere a (pochi!) colpi bassi.

Soprattutto, pensate che non state turlupinando nessuno. Voi lo fate per il suo bene. Senza di voi, da chissà quale sciacquetta si farebbe accalappiare.

Regola 2

Non è mica Kevin Costner. Nove modi per attaccare discorso senza farsi sbolognare rapidamente e senza vergognarsi come una ladra

Vi piace qualcuno; avete individuato le sue abitudini, i luoghi che frequenta, i suoi amici; magari addirittura lo conoscete. Ma agganciarlo è un'altra cosa. Pensate di poterlo interessare, magari avete anche captato qualche sguardo promettente. Attendete quindi un approccio che non arriva. Ciò potrebbe essere un tragico errore: mentre voi state lì a far le giuggiolone all'antica perché «è l'uomo che deve fare il primo passo», il Tizio, per altre vie, avrà conosciuto una certa Lavinia con cui già si trova benissimo. E voi, sempre convinte che in amore vince chi fugge, rimarrete (si dice a Milano) come quelli della Mascherpa. Cioè, male. Come evitare simili scenari? Con intraprendenza, creatività, coraggio. Ecco nove modi per esprimerli.

1) Se siete in un bar, chiedetegli informazioni sui dolci. Non sui salati: per misterio-

se (ma psicologicamente banalissime) ragioni gli uomini si fidano e si interessano delle donne che si interessano ai dolci; le vedono appunto dolci e pure un po' mamme, pensano di poter parlare con loro delle loro debolezze, del fatto che mangiano privatamente molto pandoro intinto nella Nutella e così via. Quando poi scoprirà che ciò che amate veramente sono i piatti più peperoncinati della cucina etiope, sarà troppo tardi perché ormai vi amerà.

2) Su strada, fingete che il vostro motorino non parta e dategli modo di accenderlo con un solo, virile colpo di pedale. Sorridetegli e ditegli con aria tenera e confusa «grazie stragrazie» come Marilyn Monroe in certi strepitosi doppiaggi, e schizzate via sul motorino. D'ora in poi potrete sorridergli a ogni casuale (?) incontro, e lui la prenderà per gratificante gratitudine.

3) Alle feste evitate di ballare da sole con aria solenne o di girellare con incedere regale a meno che non siate la reincarnazione di Greta Garbo. Se siete con amici, sceglietene due di sesso maschile e state quasi sempre con loro, alternativamente; e attaccate discorso col vostro Tizio preferito in compagnia di uno dei due; se scortata da personaggio decente, potete anche dirgli allegramente qualche banalità. Tipo «vuoi

un po' di questo vino orrendo?» o cose del genere. Se avete solo amiche, siate pessime: evitatele più che potete. Nulla terrorizza di più il fragile maschio contemporaneo di un assembramento di galline. Meglio farsi odiare per una sera; declinare con aria tenera e annoiata gli inviti al cazzeggio tra ragazze (spiegherete domani), filatevi invece qualche simpatico conoscente, date spago a un potenziale corteggiatore tenendo pronta una scusa per liberarvi. Una volta libere, potete farvi servire qualcosa da lui al buffet o bar, e tirarla un pochino per le lunghe tra ringraziamenti e battute sull'assalto a cibo e alcol. Oppure buttatevi spudoratamente nel gruppo dove sta lui fingendo grande interesse per l'unico che conoscete del gruppo. Il quale, lusingato o più probabilmente seccato, eviterà di presentarvi; fatelo voi, rapidissimamente, dopo un saluto e tre battute col conosciuto dicendo «beh io sono Giulietta» e guardando circolarmente tutto il gruppo, lui per penultimo o terzultimo. Restate con loro finché il vostro bello non vi parla, o finché venite estromesse.

3) Se vi piace da pazze uno sconosciuto che incontrate al lavoro e dintorni, evitate di guardarlo fisso con occhio bovino ogni volta che lo incrociate in corridoio o in ascensore. Meglio agire subito: passate, se

necessario, una notte insonne a inventarvi un modo per cominciare a parlargli. E parlategli, ma rapidamente. Ideale fingere di sbagliare persona e chiedergli se è un altro che lavora pure lui lì, ed è considerato da tutti molto ganzo. Ma funziona solo se siete lì da poco, altrimenti passerete per idiota.

4) Se invece vi conoscete e magari lavorate insieme, ma solo ora avete scoperto una forte attrazione, le cose possono essere meno travolgenti ma molto più semplici. Per lungo tempo lo avrete naturalmente ignorato; ora, di colpo, ditegli che è bellissimo. O meglio: un bel giorno in cui veste in modo diverso dal solito, senza cravatta e con la camicia chiusa tipo ministro iraniano, con un bel golf carminio invece dell'abituale completino da depresso, affrontatelo a faccia a faccia. Abbiate un tono di voce amichevole ma con qualche scivolata sexy e uno sguardo caldo, ironico e stellante. Se lui vi sembrerà confuso ma compiaciuto, non demordete. E fate nei giorni successivi qualche (leggerissimo) accenno al complimento in questione. E andate tranquille: se il vostro entusiasmo diventa una gag dell'ufficio, potrete proseguire indisturbate sull'onda dello scherzo. Gettando le basi di un proficuo corteggiamento a base di

chiacchiere e cappuccini. Oltreché dei soliti, cruciali passaggi in auto verso casa.

5) Se il Tizio è serioso, veste sempre uguale o è troppo altolocato per sfotterlo, studiate i suoi tragitti casa-lavoro, travestitevi da damigella in imbarazzo e chiedetegli direttamente un passaggio. Parlate né poco né troppo, non siate ansiose di fare bella figura sennò è sicuro che non la farete, non profumatevi nel bagno aziendale prima di salire in auto, perché se per caso il profumo non piace al Tizio e gli ristagna in macchina voi siete fottute.

6) In viaggio, se siete sole, e lui è solo o con qualche amichetto maschio, le strategie sono molte e il margine di riuscita molto più alto della media. Però non c'è troppo da fare le spiritose con viaggiatori sconosciuti: si sono sentite troppe brutte storie, e tenerlo presente non è da fifone. Se non siete sicurissime del vostro giudizio e della vostra folgorante capacità indagatoria, flirtate solo in luoghi pubblici. Se il Tizio davvero vi vuol rivedere, potrà incontrarvi a destinazione; in compagnia di quaranta vostri amici del cuore, o di un solo amico del cuore ma rugbysta, o (perché no?) della vostra mamma.

7) In vacanza al mare, là dove tutti fanno gli scemi, voi rivaluterete la cultura. Mettetevi sedute in spiaggia o al baretto frequen-

tato dal Tizio che vi interessa (vestite e truccate casual sciolto, e al vostro meglio) a leggere libri piuttosto strani, decisamente astrusi, abbastanza affascinanti. Meglio i saggi dei romanzi, perché agli uomini pare abbastanza ganzo avviare discussioni su questioni teoriche, su fatti; mentre si sentono poco virili a chiedere com'è un romanzo e come va a finire. E va bene un argomento un po' strano ma universalmente riconosciuto come intrigante: vanno benissimi i libri di filosofia, o sull'occulto; ma per favore non leggete niente di troppo terrificante. Ottimi i libri di astrologia che si diano tono: tutti vi chiederanno qualcosa, diventerete comodamente popolare finché non arriverà un esperto che vi sputtana. Pessimi quelli di economia pura, fisica e matematica, per motivi ovvi. Ottime invece le guide al lavoro e agli investimenti. Un libro d'arte vi renderà invece eterea e chic, ma il poveretto difficilmente attaccherà discorso. Se non siete troppo intellettuali, buttatevi su una guida illustrata del luogo. Comunque leggetelo veramente: avrete un'aria più naturale, eviterete di guardare troppo il vostro bello, alla peggio capirete qualcosa di nuovo.

PS. evitate di far lo stesso gioco con walkman e cd-player. Se il vostro amato è un po' figlio di puttana (tutti i belli del mare lo sono) vi fregherà la cassetta o il cd con la scusa di un prestito lasciandovi cornute e mazziate.

8) Di notte, per abbordare, bisogna avere un'aria castissima. Altrimenti sarete ridicole o sarete stuprate. Dovete avere un'aria da damigella in imbarazzo, però l'occhio deve essere limpido, la voce non impastata, l'alito senza tracce di alcol (non barate riducendovi al limoncello, che ubriaca e dà mal di testa più di un buon vodkino secco). Se volete chiedere assistenza o un passaggio, fatelo solo se avete ottime e molteplici referenze sul personaggio. Una volta in macchina, rilassatevi e datevi un'aria un po' di mondo ma non troppo: il tizio deve sentirsi un vero cavaliere. All'arrivo a casa, bacetto caldo sulla guancia finto-affettuoso-che-deve-però-suggerire-un-temperamento-di-fuoco. Importante: deve essere uno solo. Per deludere l'attesa del secondo e far lambiccare il soggetto.

9) In discoteca, strofinate una tetta contro di lui mentre andate a prendere una birra. Meglio del rossetto e del broncetto, e da accessoriare con lo sguardo che (non) uccide.

REGOLA GENERALE, VALIDA IN TUTTI I CASI

Importantissimo: evitate richieste di sigarette se non sapete se fuma. I non fumatori trovano meno immorale mettersi con un'appassionata mangiatrice di aglio crudo: che è fetida ma non provoca inquinamento passivo. **E poi:** date un solo bacetto al momento di salutare. Solo uno. Due fanno troppo nuova amicizia.

P.S. NON VERGOGNATEVI AD ATTACCARE DISCORSO! gli uomini sono una categoria tragicamente priva di argomenti di conversazione. In genere ne hanno due: loro stessi e le persone con cui sono in competizione. Ma questo lo scoprirete dopo.

Regola 3

Come ti muovi ti fulmino. Come lanciare un unico sguardo di fuoco in un'intera serata, e verificare se interessa il prodotto

«Non mi mandar messaggi che son falsi, non mi mandar messaggi che son rei — messaggi siano gli occhi quando li alzi — messaggi siano gli occhi tuoi ai miei.»
Frase ricorrente dei Baci Perugina

Sui Baci Perugina (è noto) sono scritte spesso delle tavanate galattiche. Tranne in rarissimi casi, di cui il più importante è questo (l'autore dovrebbe essere Anonimo del Seicento, o qualcosa del genere). Che, adottato con incosciente preveggenza da alcune mangiatrici di baci, ha prodotto risultati eccellenti: innamoramenti intensi, attrazioni finalmente ricambiate, anche matrimoni duraturi e inaspettati: alcuni strafigoni ritenuti irraggiungibili in realtà bisognosi di conferme, cuccati grazie allo sguardo de fuego a sorpresa che gli ha dato il via e che gli ha fatto cominciare a corteggiare o, (se la situazione era già avviata) a fare delle avances alla sua Cacciatrice.

Insomma, meglio una bella alzata d'occhi esplicita che quaranta minuti di chiacchiere ansiosissime per tentare di far figura. Con una sola, cruciale raccomandazione: lo sguardo rivolto al Tizio deve essere uno solo. Significativo, intenso, penetrante, ma della durata di pochi secondi. Prima non bisogna guardare il Tizio, se non quando lui ci parla o roba del genere, poi, non bisogna guardarlo quasi per niente.

Tutto qui? Ovviamente no. Per ogni Tizio c'è uno Sguardo Cruciale che colpisce e acchiappa; ogni Cacciatrice ha uno Sguardo Cruciale che interpreta bene la sua sensualità, affettività e autentico modo di essere. Bisogna valutare e combinare balisticamente questi fattori; e poi prendere la mira tenendo conto del contesto. Per cui:

1) Se il Tizio si rassicura tra sfottò e cazzeggi è meglio che gli occhi ridano;

2) Se sogna in segreto di essere travolto dalla passione devono essere intensi e torbidi;

3) Se gli piace giocare al lupo cattivo o al re leone predatore anche se pesa cinquanta chili ed è precario alle Poste, il vostro sguardo sarà innocente e spaventato;

4) Se pretende di star cercando una brava moglie (ma attente: quando lo dicono in continuazione non è vero, e alla fine vor-

ranno solo trifolarvi) allungategli un'occhiata limpida e diretta; poi preparatevi a un lungo cammino in salita.

5) Se ha ambizioni culturali (provocate dal suo lavoro di commercialista o insegnante di educazione fisica) sderenatelo alzando di colpo, ma lentamente gli occhi dopo aver letto per dieci minuti un libro astrusissimo.

Vi sembra complicato? Ma figuriamoci. Se tra voi due c'è feeling sessuale non sarà difficile capire qual è lo sguardo giusto per il Tizio che ritenete giusto. Una volta capito, scoccate con calma. Poi ritiratevi. Non andatevene subito; parlate coi vostri amici, ridacchiate con moderazione, occupatevi di cose pratiche. Dopo un po', il Tizio troverà modo di raggiungervi e comincerà finalmente a parlare con voi.

Regola 4

L'ossessività non è un'utopia. Non è neanche una malattia. È una dote che va utilizzata

Le donne ossessive hanno una pessima, anzi patetica reputazione. Fin dalle elementari e medie vengono sfottute per le loro cotte interminabili, ostinate, senza speranza. In seguito, rischiano di diventare casi pietosi a causa dell'attaccamento tragicomico a storie finite, o del perseverare in corteggiamenti infelicissimi. Le più crudeli nel criticarle sono proprio le altre donne. Che nello sputtanarle tentano di esorcizzare quella stessa ossessività, che anche loro hanno e di cui molto si vergognano.

Che errore. L'ossessività è un sentimento forte. Che, se una non è totalmente scema e riesce a garantirsi un minimo di autocontrollo, si può trasformare da grave svantaggio emotivo in energia che porta al conseguimento di un obiettivo in cui si crede. Anche Silvio Berlusconi era ossessionato dalla tivù, Bill Gates dai computer, Madonna dal diventare più famosa dell'omonima palestinese; senza la loro ossessione non ci sarebbero riusciti. Pensateci: conquistare un normalissimo Matteo o Gianluca è davvero più difficile che mettere su Microsoft o Mediaset? E poi: Bill e Berlusca, nella loro opera di conquista, sono sempre stati apprezzati da tutti? E Madonna, è mai stata paragonata a Madre Teresa di Calcutta? Conclusione: se volete davvero qualcosa o qualcuno, credeteci e datevi da fare.

TEST: Come rendersi conto se si vuole veramente un uomo

• Aprite quotidianamente lo stradario delle pagine gialle e guardate la mappa con la strada in cui il Tizio risiede fino a cadere in trance e preoccupare i vostri cari.

SÌ NO

• Vi emoziona sentire salutare qualcuno che porta il suo stesso nome di battesimo, anche se il Tizio si chiama Andrea.

SÌ NO

• Se lo conoscete, parlate continuamente di lui con ogni scusa; riferite religiosamente sue esperienze di vacanze, opinioni politiche, commenti sui baristi.

SÌ NO

• Imparate tutto sulla sua squadra, la sua

auto o moto, la sua regione di provenienza.

SÌ NO

• Una sua dichiarazione casuale e condivisibile, tipo: «Certo che Sharon Stone è piuttosto bona», vi getta nella disperazione.

SÌ NO

• Fantasticate immaginarie passerelle di rivalsa al suo fianco davanti a tutti quelli che vi hanno trattato male negli ultimi anni.

SÌ NO

• Ve lo immaginate commosso papà di un vostro piccino/a.

SÌ NO

Se avete conteggiato almeno un SÌ, il Tizio vi interessa. Se i SÌ sono due, vi piace davvero molto. Se i SÌ sono tre, dovete assolutamente darvi una mossa e tentare la sorte.

Come trasformare la monomania in un'arma vittoriosa

Informazione importante, alla quale però quasi nessuno crede: se volete a tutti i costi un Tizio, potete fargli la posta senza passare per mentecatte. Anche gli uomini (questa è una tesi discussa, ma ha le sue sostenitrici) sono esseri umani come noi; e se qualcosa gli piace, sono disposti a essere anche un po' creduloni. E quindi, se gli piacete un po', crederanno alla scusa che avanzate per spiegargli perché lo incontrate in continuazione. E quindi:

- Se lavorate insieme o fate parte della stessa compagnia, evitate patetici inviti a prendere un cappuccino, una birretta ovvero (orrore) un limoncello: andate al bar da sole o meglio invitando altri; al massimo chiedendo a lui all'ultimo se vuole unirsi alla ghenga.
- Se il Tizio abita o lavora in una zona frequentata, trovatevi un corso di tedesco o di flamenco vicino a dove vive, lavora o gioca a videogames.
- Se è un giuggiolone dal cuor d'oro (o finge di essere tale) e vi trova troppo sciacquetta, potreste fare effettivamente un'opera pia e darvi al volontariato. Per esempio: assistete un'anziana a due passi da lui; e non sentitevi in colpa se una volta fidanzate avrete meno tempo per lei. Saprete trovare un amico sfigato del Tizio che vi sostituirà e che la vecchietta troverà assai più simpatico di voi.
- Se il Tizio ha casa scuola o ufficio vicino a una palestra, sarebbe il massimo: è

una garanzia di tono muscolare in una fanciulla, e in più molti uomini sono dei pigri complessati che amano poter delegare l'esercizio fisico alla loro donna.

Telefonare? Oh yes, ma con giudizio. Lungo elenco di scuse per tutti i gusti e tutti i portafogli

È vero, è verissimo, è stra-vero: telefonare troppo, o anche telefonare un po' troppo, è controproducente e dannoso. Ma è controproducente per la salute e dannoso per la psiche anche agitarsi accanto al telefono o stropicciando il cellulare (il primo racconto sulle ansie di una donna che aspetta che il Tizio le telefoni l'ha scritto Dorothy Parker oltre settant'anni fa; da allora non sono stati fatti molti progressi). Spesso poi, se non siete voi a telefonare, il Tizio non troverà il coraggio o l'energia, non si farà venire abbastanza voglia, verrà travolto da impegni e pseudo-impegni e poi si invaghirà di un'altra tizia. Quindi non criminalizziamo le telefonate. Che si possono, volendo, motivare con delle scuse. Come:

• Avvertire di una cena collettiva con amici con cui ci si è già visti; è tristanzuolo ma crea un canale di comunicazione tra voi due di cui il Tizio, se effettivamente attratto, approfitterà.

• Chiedere il numero di un dentista, allergologo, pranoterapeuta o quel che è a lui noto. Questa scusa può essere usata in una sola circostanza: se il Tizio vi ha parlato del medico in questione con molto entusiasmo, raccomandandovi le sue cure. Altrimenti puzza davvero troppo di scusa.

• Chiedere il numero di un suo amico, senza dare troppe spiegazioni; dopo un po', rivelerete che vi doveva dare a sua volta il numero di un dentista, allergologo, pranoterapeuta da lui raccomandato; ma solo dopo che si sarà un po' ingelosito. È un sistema patetico, va bene, però un sacco di volte ha funzionato.

• Chiedergli qualcosa in prestito. Beninteso, qualcosa di cui potete avere effettivamente bisogno; che a lui non dà fastidio prestare; che avrà modo di spiegarvi paternamente come funziona; che potrete ridargli in tempi brevi e con un piccolo, graziosissimo regalino di ringraziamento (se il prestito è infimo e breve, basta un tubetto di cioccolatini). Importantissimo: se l'oggetto prestato è un motorino, per l'amor di Dio, non fatevelo rubare. Non solo vi odierà per sempre (i motorini degli uomini, per gli uomini, sono personalizzati e insostituibili), ma lo dirà a tutti e vi farete una fama di ragazza leggera e pure iettatrice. Vade retro!

• Chiedetegli spiegazioni su qualcosa che non capite. Lo so, le sorelle fondatrici del femminismo si rivoltano nella tomba. Però voi potrete aggirare anche loro con un escamotage: farvi spiegare qualcosa di cui davvero non capite niente. Anche se mirate al Nobel, ci sarà qualcosa che voi non sapete e lui sì. Anche Rita Levi Montalcini ha delle lacune, e tenta di colmarle con garbo antico e un po' frou frou, e agli interrogati viene un brividone nonostante la signora sia fuori tempo massimo per fare la Velina di *Striscia la notizia*. Quindi non dovete far finta di essere sceme: siate donne intelligenti che in qualcosa sono sceme, e date al Tizio l'orgoglio di insegnare qualcosa a una donna super. Auguri!

P.S. Sarete tentate di chiedere spiegazioni tecniche o automobilistiche. Ma fate attenzione: buona parte degli uomini ne sa meno di voi. Non fate disastri, per carità.

La complessa gestione dei comuni amici

I comuni amici sono l'unico aspetto del corteggiamento per affrontare il quale è concesso l'uso di psicofarmaci. Essi sono infatti tensiogeni e pericolosi. Per capire come affrontarli è meglio esaminarli per sesso e per combinazioni.

Gli amici maschi. Gli amici uomini del Tizio, se il Tizio è un po' attratto da voi, sono naturalmente e sanamente gelosi. Sanno che se la faccenda diventerà seria perderanno, in parte o del tutto, un caro compagno di giochi. Voi però non parlatene mai male. Potrete farlo solo quando il fidanzamento è bello avviato. In un solo caso potete tentare di intervenire: se questi amici cercano di rendervi totalmente implausibile e non appetibile con giudizi sul vostro aspetto, nomignoli e sfottò. In quel caso però potrete far poco: al massimo mettere in campo terzi amici autorevoli pronti a giurare che siete una strafiga.

Comunque, se i rapporti sono normalmente nervosi, siate gentilissime e non perdete mai la calma; ciò vi aiuterà a essere più efficacemente acide.

Accoglieteli amorosamente; tenete in casa tonnellate di conserve e spaghetti per sfamarne il più possibile (disgraziatamente, gli uomini corteggiati tendono a imbucare intere comitive a casa delle potenziali fidanzate; si teme sia una forma di test). Non date segni di impazienza quando sono le due di notte e non se ne vanno e voi sperate che il Tizio si dia finalmente una mossa con voi (o, se già è successo, che se la ridia); siate anzi socialissime (combattete sonno e cecagna) e cazzeggiate; in quel caso (si spera) sarà lui a innervosirsi perché gli impediscono di esercitare la sua funzione di maschio, e a cacciarli in malo modo. E magari (altra cosa sperabilissima) a lamentarsi con voi della loro invadenza (e voi, nobile, li difendete).

Ripeto: mai mandare a quel paese la gang degli amici luponi; in presenza o in absentia. Anche lui di certo pensa che le vostre amiche sono idiote, ma vi offendereste se ve lo dicesse in fase di corteggiamento.

Rendetevi conto di avere a che fare con un essere umano (lo so che è difficile) e comportatevi di conseguenza.

Le amiche donne. «Dalle amiche di lui mi guardi Iddio che dalle mie mi guardo io» è un detto che le donne avvedute e realizzate tengono sempre a mente. Con i maschi è più semplice; con le donne, l'ambiguo equivoco della complicità femminile può produrre disastri a catena. Perciò bisogna stare molto attente.

In alcuni casi, è meglio essere leali o presunte tali: e chiedere chiaramente se l'amica è interessata al Tizio, perché voi lo siete abbastanza. Lei lo rifischierà subito al Tizio stesso, e voi otterrete due risultati. Primo, se gli piacete lui sarà rassicurato e prima o poi vi metterà le mani addosso. Secondo, lei era stata avvertita e quando (potrà succedere) le metterete le mani addosso, il mondo vi darà ragione.

In tutti i casi, non innervositevi se l'amicona pomicia il Tizio davanti a voi; più è informata della vostra (si auspica reciproca) attrazione, più volentieri lo farà. Se tenterete una critica, lei vi sputtanerà, vi tratterà come una sciuretta isterica e sciorinerà una teoria generale dell'amicizia uomo-donna, di cui solo lei è capace ma le altre donne (donnette) proprio non capiscono. Meglio quindi ridacchiare alla vista del pomicio e progettare, per quando il Tizio sarà vostro, atroci vendette, non-inviti e pubbliche umiliazioni per l'Amicona. Se ci riuscirete.

La coppia di amici. Quasi sempre è in disaccordo su di voi. Se lui vi sponsorizza e lei è contraria, mettete in frigo lo champagne: queste opinioni incrociate su di voi faranno sul Tizio l'effetto di una riuscita campagna promozionale. Se invece piacete a lei e non a lui, l'unica cosa che potete fare è evitare di vederli, col Tizio o da sola. Sennò il Tizio si convincerà che siete una con cui le amiche lo vogliono incastrare. Vade retro!

Regola 5

In fondo è il solito sfasciapalle. Come minimizzare la propria ossessione temperandola con insofferenza antimaschio e proseguire la propria vita senza fare rovinose idiozie seduttive. Ovvero: meglio non sbarellare nell'attesa di risultati

Avete attaccato discorso; avete fatto un po' di amicizia; vi siete guardati; vi siete telefonati; vi siete visti. Ma la vostra astuta e intensa tattica di avvicinamento non può da sola placare il vostro cuore. L'attesa delle contromosse vi mette in ansia; l'assenza di contromosse vi getta nel panico; la paura di aver fatto errori vi consuma; ma invece di consumarvi mangiate come ippopotami perché siete nervose. Adesso che potete fare? Checché ne pensiate, potete fare molto. Ma prima lasciatevi dire quello che NON dovete fare.

- Non fate telefonate inutili.
- Non parlate di lui se non con la vostra amica del cuore.

• Non scrivete il suo nome.

• Non chiedete notizie su di lui nemmeno ai vostri amici cari; essi hanno altri amici cari che hanno altri amici cari che sono amici cari del Tizio; l'informazione che arriverà al Tizio è «Giovanna Cacciatrice è pazza di te e va in giro dicendo che ti ama e chiedendo tutto sulla tua vita», e ciò vi arrecherebbe un grave danno.

• Non emozionatevi se sentite casualmente parlare di lui. Tenete presente che passate le giornate a sentir parlare casualmente di Romano Prodi, Massimo Boldi, Gianfranco Zola il calciatore dalla fronte bassa, e non per questo vi siete mai innamorate di loro.

Invece, potreste:

• Innamorarvi platonicamente di un altro. Possibilmente di una persona famosa che avete scarse possibilità di incontrare. Vanno bene anche Prodi Boldi o Zola, anche se vi consiglio di scegliere dei Vip più carini. Fantasticate continuamente sul vostro nuovo idolo: comprate riviste con articoli e foto che lo ritraggano al meglio; guardate film, partite o tiggì che almeno restate aggiornate. Mentre voi vi tenete occupate sfruttando abilmente questa demenziale abitudine della donna ossessiva, il Tizio avrà tempo di farsi un'idea.

• Accettare le profferte di un ex fidanzato di pessimo gusto; uno di quelli che si sta sposando o sta facendo un figlio e ha bisogno di una copula finto-avventurosa e molto, molto discreta. Se siete in buona forma, saprete usarlo per distrarvi; se siete sbalestrate, se non altro vi incazzerete con lui; e la rabbia che vi farà, giocoforza, metterà in secondo piano l'ansia per il tizio.

• Pensate costantemente al motto di Che Guevara (quello vero, non quello scemo di Banderas): «*Hasta la victoria siempre!*»

Regola 6

Come accettare un secondo invito ovvero: come rifiutare il primo facendo balenare il secondo senza far vedere che si sta facendo lo stesso gioco cretino che fanno le donne da secoli

Ellen Fein e Sherrie Schneider, le prensili autrici di *Le Regole* (che hanno sistematizzato i consigli delle nonne, li hanno trasformati in un *Mein Kampf* del rimorchio e hanno guadagnato l'ira di Dio), hanno alcuni meriti. Certe regole che vogliono imporre sembrano deliranti ma hanno una base molto sensata. Per esempio quella secondo cui non si può «mai accettare un appuntamento per il sabato se lui lo chiede dopo mercoledì» perché sennò si sembra sfigate. Come spesso capita, una volta rivelato l'arcano non funziona più: ormai, se un americano medio chiama una il giovedì e quella si dispiace perché il sabato è già occupata, l'americano medio non concluderà che la tipa è una dea occupatissima, ma solo che è una sfigata che ha letto *Le*

Regole; anche se magari è occupata veramente. Insomma, l'idea è buona; ma, come sempre, ci vuole un po' di flessibilità. Perché: **La competizione è ormai feroce**.

Se il Tizio che puntate è momentaneamente, fortunosamente libero, siate certe di non essere l'unica donna interessata a lui e/o che a lui interessa. Aspettatevi quindi di poter essere, certe sere, una seconda scelta. E allora c'è un solo modo per decidere; il Grande Spartiacque della Cena. Se venite invitate «a bere una cosa» dopo cena mentre state cenando, dovete declinare (sia pur con garbo): per chi vi ha preso? Lo conoscete appena e già vi mette nella panchina riserve per la fine serata? Ma la faccia bere a sua sorella, la cosa. Ovviamente, voi non direte questo: spiegherete con voce da Cuccarini che sta venendo a prendervi un vecchio amico che ha un assoluto bisogno di parlarvi in privato (messaggio subliminale: altro che sciacquetta, siete bella e giudiziosa). Perciò, desolata, non possiamo vederci: «Ma sentiamoci una di queste sere, magari ci organizziamo con un po' di anticipo così non ci perdiamo di vista» (capito?).

Stessa cosa per il cinema. L'invito è informale ma va fatto almeno un giorno prima. Voi al cinema potete andarci benissimo con la vostra amica Francesca, con cui fate bellissime liti sui film dai tempi delle scuole medie. In questo caso, comunque, rilanciare è facilissimo: potete chiacchierare due minuti, scovare un film che ambedue volete vedere, e addirittura forzare un pochino (un pochino!) la mano e fissare un appuntamento.

Un invito a cena timido può invece essere accettato. Se è veramente un po' timido; se rivolto per la sera stessa in un giorno feriale (se festivo o prefestivo dire di sì è vera prova di sfiga). Se proposto con frasi tipo: «Non è che stasera ti va di mangiarti un boccone dal cinese (o indiano, etiope, malese, quel che è; l'etnico fa molto informale ed è un po' più 'pensato' della pizza)?» Ma va accolto con un bel «con piacere, basta che mi porti a casa presto perché domani mi devo alzare alle cinque». Poi bisogna davvero autoconvincervi che vi ha trovato libera perché il giorno dopo vi dovete alzare alle cinque; quindi a una cert'ora un bel bacetto e a nanna. Se sbracate siete perdute, e non è una questione di virtù.

Comunque sia andata, dovete aver detto di no (o di sì con riserva) in modo promettente e sorridente. Ed è importantissimo **lasciare sempre un amo**: un film da vedere, appunto; un locale nuovo da visitare (potete rilanciare così quando rifiutate il peloso drink dopocena); un'etnia o un piatto locale da degustare cuore a cuore appena possibile. In questo modo il Tizio, sperabilmente messo al suo posto e stuzzicato, avrà una scusa decente per ritelefonarvi e mettere a punto una vera Prima Uscita con tutti i crismi.

P.S. Luogo comune da smentire. Nell'organizzare la Prima Uscita, non è vero che bisogna lasciar fare tutto a lui: anzi, dovete evitare che il poveretto per l'emozione si confonda e faccia un casino. Soprattutto, fate capire che tipo di locale vi piace senza mentire (specie a voi stesse). Sennò potreste passare una serata così congegnata: cena messicana (una cucina che vi dà storicamente la dissenteria) e poi concerto jazz (il jazz vi rende isterica e vi addormenta nello stesso tempo) e provochereste un disastro. Non fate poi l'errore di giudicare il Tizio in base ai suoi programmi serali. Probabilmente è solo un bravo giovane con qualche gusto sbagliato, che con la vostra guida si correggerà da solo.

Regola 7

Ho passato proprio una bella serata. Come condurre la prima uscita senza soccombere alla colite

Siete agitate? Fate bene. Se non lo foste sareste sceme. La Prima Uscita serale col Tizio è un momento decisivo. Se va bene, può nascere qualcosa; se risulta disastrosa e/o deludente, può nascere qualcosa reincontrandosi dopo qualche anno, ma per la verità l'abbiamo visto succedere solo al cinema (in *Hannah e le sue sorelle* di Woody Allen, per la precisione). Perciò dedichiamo molto spazio ai consigli per affrontare questo (reciproco) esame importante.

Su di lei: Il body language del primo incontro. Gli abbigliamenti consigliati

Consiglio irrinunciabile: se non siete spinte da intenso, ninfomaniaco desiderio di farvi il Tizio entro metà serata (niente di ignobile, solo dovete leggere un altro manuale) evitate di vestirvi da zoccole. O da viados, o da vispe Terese dei pornofumetti. Non fate vedere le vostre tette a tutto il ristorante, mantenete un po' di riserbo sul vostro ombelico, non uscite di casa in mutande. L'ideale è una mise in grado (contemporaneamente! Questo è il difficile) di rassicurare la di lui mamma ed eccitare sessualmente il di lui migliore amico in modo che invidi il Tizio. Quindi, minigonne ragionevoli, scollature limitate, trucco civile; soprattutto, vestitevi in modo da sentirvi belle, evitate qualunque suggerimento che vi faccia sentire ridicole. In ogni caso, a meno che non stiate andando allo stadio o a sciare o avete gambe da stopper, la gonna è meglio dei pantaloni.

La borsa dev'essere né grande (fa pensare che vogliate subito trasferirvi da lui) né piccola (fa isterica); però vi conviene portarla, anche se in genere la sera uscite senza. Perché? Ma benedette ragazze, almeno «quella» sera evitate di appendervi tutto addosso creando grossi bozzi nelle tasche del giaccone. Anzi, visto che ci siete, lasciate perdere il giaccone e mettetevi un cappotto, anche di vostra madre; il Tizio ne sarà piacevolmente sorpreso. Che altro? Non mettetevi tacchi troppo alti; lavatevi i capelli; e poi (mi raccomando) le calze devono essere bellissime. Quando (sperabilmente) a fine serata lui farà carezze (che non devono essere troppe, però) troverà setosità inattese e gli rimarrà impresso.

Il trucco, ripetiamolo che è il caso, deve essere leggero: quelle che si presentano al portone con su tre chili di pongo sono pochissimo apprezzate e spesso mai più richiamate. Il rossetto, va da sé, dev'essere rosso e non bianco né marrone né nerastro-Morticia; ma di quel rosso che non è il rosso totale che fa puttanona ma non è neanche il rosa che fa madonnina infilzata. Purtroppo si tratta del rosso che tutti gli uomini suggeriscono alle loro donne, ma che nessun chimico cosmetico è mai riuscito a mettere a punto. Cercate di avvicinarvi per approssimazione, armonizzandolo con la vostra carnagione.

Su di lui: Vestito per uccidere. I vari piumaggi da conquista

Gli uomini vestiti per la Prima Uscita sono ridicoli come in nessun altro momento della vita. In linea di massima, quindi, molte ridicolaggini sono normali e possono pure fare tenerezza. Alcuni eccessi, comunque, vanno analizzati.

Lo Sbottonatore di Camicia. Si divide in due categorie: quelli che si sbottonano la camicia sul petto per essere più appetitosi durante la Prima Uscita, e quelli che lo fanno sempre. I primi si riconoscono subito perché si vergognano come ladri. I secondi perché vi mostrano senza vergogna il loro ombelico già durante gli antipasti. Ambedue fanno errori di valutazione: i primi sopravvalutano il loro torace, i secondi sottovalutano l'ansia che crea in una donna normale l'idea di vivere con un Tizio che mostrerà loro il petto villoso a colazione, pranzo, cena e in tutte le occasioni sociali.

L'Incravattato da Autostrangolamento. È un tipo di Tizio che più è nervoso più si stringe il nodo della cravatta: uscire con una donna che gli piace produce quindi strettezze che evocano le pratiche autoerotiche col cappio che hanno mietuto vittime tra i parlamentari inglesi. Non si tratta però di un erotomane né di un patito del «lo famo strano»; ma, invece, di un tradizionalista un po' inibito, molto attento alle forme e legato alla famiglia. Insomma, un tipo conservatore. D'altra parte, a Londra quando beccano un deputato intento a certe pratiche è sempre del Partito conservatore.

Quello con la Maglietta Rock. Si tratta, in genere, di un rispettato ricercatore di storia del pensiero economico; che però, nei momenti critici, si sente sicuro solo se indossa una t-shirt metallara. Ciò è imbarazzante perché in genere questo Tizio è dotato di precoce trippetta. Ma nel complesso si tratta di un simpatico giuggiolone; desideroso di sistemarsi, benché giovanilista e affascinatissimo dai giovani, e dalle giovani. Per questo, dopo averlo sposato, dovreste ricordarvi di mettergli vicino solo amiche sopra i quaranta, di quelle che considerano Bruce Springsteen il massimo della trasgressione, ma non hanno mai capito chi è.

Quello che si fa prestare una Jaguar d'epoca da un parente collezionista, da un amico concessionario. Un simile, desueto atto di narcisismo dovrebbe farvi riflettere. Sul fatto che rischiate di fidanzarvi con un idiota.

Il Finto Casual che è il più comune ma non per questo il meno pericoloso. È vestito normale, gradevole, carino. Non vi farà vergognare né si farà notare più di voi. Ciò è ottimo. Però non abbassate la guardia, compagne.

Un'occhiata al menu

Anche a cena bisogna stare attenti: non tutti i cibi sono uguali. Alcuni vanno evitati perché vi renderebbero schifose. Prima di tutto, le insalate: fanno casino. Rischiate di trovarvi foglie incollate d'olio appiccicate sulla guancia. Proibitissimo anche l'aglio, ovviamente per via dell'alito; ricordate quindi che la bestia nera dei primi appuntamenti è la pizza marinara. Non c'è fretta, tra l'altro: è un piatto che si ordinerà teneramente, porcellescamente in due durante il primo anno di amore, che ordinerà provocatoriamente uno solo al secondo anno di matrimonio; ma per quel che vi riguarda la prima sera, la marinara non è neanche scritta nel menu. La stessa regola vale per tutti i piatti con aglio o cipolla; fate mente locale e ripassate le ricette a rischio prima di uscire.

Kate Moss e Obelix, due modelli da evitare

Un essere umano di appetito normale non ha certo voglia di cenare con un altro essere (grazioso ma con occhi febbrili) che rifiuta tutti i piatti nel menu tranne la verdura cotta scondita, ma che poi pilucca dal suo piatto (**ATTENZIONE: gli uomini odiano le donne che non ordinano niente e poi mangiano dai loro piatti**); e però, nello stesso tempo, lo guarda con disprezzo perché ingordo e forse grasso. Però neanche ordinare in successione fritto misto, lasagne, polenta, porchetta, patate fritte e profiteroles fa una buonissima impressione su un Tizio. Come compagna di vita, l'uomo normale o quasi preferisce avere una buona forchetta; ma fin da piccolo sente dire che una vera signora mangia come un uccellino. In più potrebbe temere che a furia di fettuccine si troverà in casa un ippopotamo. Insomma, rilassatevi e ordinate cose sostanziose se tendete all'anoressico, contenetevi graziosamente se versate sul bulimico. Se siete inappetenti, mangiate poco a pranzo e fate ginnastica nel pomeriggio. Se avete ansia da fame, mangiate prima, e poi nella notte.

Il difficile rapporto tra medicine e alcol

Avvertenza importante: se avete il raffreddore e vi siete imbottite di medicine perché non vi coli il naso durante la Prima Uscita, se rischiate un coccolone e avete preso un ansiolitico prima della Prima Uscita, cercate di non bere alcol. Melanie

Griffith lo faceva in *Working Girl - Una donna in carriera* e la mattina dopo si vergognava moltissimo. Stesso discorso per le sostanze stupefacenti, per quanto leggere, a cui non siete abituate. Il massimo consentito è un tiro di canna per non far pensare che siete una seguace di Irene Pivetti. Ma non di più: altrimenti comincerete a dire idiozie e sembrerete un'imitatrice di Veronica Pivetti, il che è pure peggio.

Come cavarsela se si è raffreddate. Prendete una bomba al paracetamolo (i farmacisti sanno indicarvela) e pregate Dio che non vi faccia colare il naso. Altro non si può fare. Tranne, ripetiamo, bere poco.

Il cruciale momento del vodkino: storia delle proprie vite tra mitomania e psicanalisi. Se non è vodkino è Coca-Cola, o birretta, o whiskino, o (ahimè) limoncello, o camomilla per lei (un'ottima abitudine: visto che comunque tornerete a casa agitatissime, un aiuto al sonno è una mano santa). Questo è il momento in cui ci si rilassa un po', ci si apre, anzi peggio, ci si allarga. È il momento in cui si può colpire un uomo al cuore, ma anche risultare una perfetta demente. Ecco pochi consigli per far buona figura:

• Parlate dei vostri amori se lui parla dei suoi. Ricordate però: non siete la pornostar del vostro quartiere, ma neanche la Teresa di Calcutta.

• Difendete le sue ex fidanzate se lui le descrive galantemente come delle troie. Forse loro erano troie, di certo lui non è un gentleman; sicuramente voi farete la figura della donna nobile e di buon cuore.

• Difendete i vostri ex fidanzati anche se non sono dei gentlemen e vi hanno mollato per delle troie; rifarete la figura della donna nobile e di buon cuore.

• Diffidate se vi parla di matrimonio e del tipo che vuole sposare: le donne normali non lo fanno più, perché hanno tutte letto riviste femminili e manuali, gli uomini normali se ne guardano bene per natura. Solo gli ipocriti trifolatori casuali e promiscui lo fanno. Se sentite simili discorsi, quindi, preparatevi a difendere la vostra virtù.

• Tentate di scoprire che cosa lo interessa veramente; tentate di spiegare che cosa interessa veramente voi. Abbiate coraggio: se lui ama la vela e voi non sapete nuotare, ditelo; se è destino che stiate insieme, vi insegnerà; se adorate i gatti e lui è allergico, riflettete perché presto dovrete fare delle scelte. E poi è emozionante saper di più delle passioni di chi si ama; e un po' di sincerità evita, anni dopo, tragiche udienze di separazione al Tribunale civile.

L'arte della conversazione

La conversazione della Prima Uscita può essere faticosa. Se uscite con un tipo taciturno, sperate che il locale sia rumoroso. Se uscite con un tipo loquacissimo, sperate la stessa cosa. Tenete comunque conto della comune agitazione, e pensate a come sciogliere lui e voi. Quindi:

- Sì alle battute, no alle barzellette. Una battuta garbata sdrammatizza e può fare da assist per il vostro partner; o, meglio ancora, iniziare un bel palleggio tra voi e il Tizio. Mentre le barzellette (e solo quelle brevi e non troppo zozze) possono essere raccontate solo a fine serata e quando si è tutti e due un po' brilli. Sfoggiate all'inizio, vi faranno sembrare un'esibizionista un po' trucida che deve fare il suo piccolo show. Anche per le battute, comunque, è necessaria un po' di leggerezza. Oggi come oggi, fare le spiritose può salvare la vita con uomini timidi o miti (sempre di più lo sono apertamente); ma non essere troppo pettegole è cruciale. Altrimenti il Tizio avrà paura che la mattina dopo direte cose anche peggiori di lui.

• Mai parlare troppo bene di sé: chiunque avrebbe buoni motivi per immaginare con orrore (e immediatamente rifiutare) una vita ad ascoltare una mentecatta che si autoincensa.

• È invece molto importante trovare un comune amico di cui sparlare. Catalizzerà le pulsioni sardonico-negative di ambedue, e permetterà di fare due risate.

• È permesso, anzi cautamente incoraggiato, vantarsi con aria casuale di illustri corteggiatori a cui non ci si è concesse. Il Tizio si inorgoglirà a essere un potenziale prescelto. Ma cercate di non menarvela troppo, altrimenti non ci crede.

Il dramma della portiera. Come e quando uscire dall'automobile ferma

Le chiacchiere in macchina, alla prima uscita, possono durare dai cinque ai dieci minuti; si può arrivare a quindici-venti solo se il Tizio si è lanciato a raccontare un grave lutto familiare o una storia d'amore che lo ha molto segnato. D'altra parte, uno che fa questi discorsi alla prima uscita o è ubriaco oppure corre troppo e rischia di fare un casino (o tutt'e due) e a un certo punto bisogna troncare. In situazioni normali, è meglio chiacchierare del più e del meno e troncare di colpo con un rapido ma flautato «Vabbé io devo andare a dormire, buonanotte» e un bacio, solo uno, con mezzo labbro sulla guancia e mezzo sulle labbra.

Importante poi voltarsi sorridendo per un istante mentre si entra nel portone e, arrivate a casa, farsi una seconda camomilla e, se necessario, sei sigarette e una doccia. Bonne nuit!

Regola 8

Non darla mai la prima sera e perché su questo la mamma (o chi per lei) ha ragione

Allora: non datela mai la prima sera, non datela mai la prima sera, non datela mai la prima sera. Nel caso non aveste capito, non datela mai la prima sera. Non è un fatto maschilista o antiquato: la necessità di un po' di stuzzicante attesa riguarda tutti e due. Se qualcuno vi porgesse una teglia di lasagne o un vaso di Nutella nel preciso momento in cui ve ne punge vaghezza, non li gustereste con la dovuta libidine; li godreste invece al massimo dopo un'attesa non troppo lunga che ve ne ha fatto esplorare le (svariate) possibilità di darvi piacere. D'altra parte, se aspettate per ore, quando finalmente stanno per arrivare potreste già esservi abbboffati di pane o di biscotti, e li apprezzereste molto meno. Quindi non pensate che il digiuno della prima sera vada ripetuto a lungo. Generalmente alla terza-quarta si può fare; è invece sconsigliata, tranne casi di passione incontinente, la seconda.

Ci sono alcune, rarissime eccezioni: le situazioni così deliranti che o si concludono in una notte o si concludono svariati decenni dopo. Se pensate di dire ciao al Tizio la mattina dopo, o se vi pare che ambedue siate in una specie di trance, o anche se vi corteggiate da una vita e non siete mai riusciti a vedervi da soli (forse perché già state con qualcuno, porcelli?), andate e che Dio vi assista. Sennò, ripetiamo: non datela mai la prima sera. D'altra parte (e questo è il motivo per cui questo libro è stato scritto) i tempi sono cambiati. E la donna di oggi ha un problema nuovo, speculare e serio: riconoscere i tipi che non vogliono darlo la prima sera. E neanche la quindicesima. Ma ci sono modi per sgamarli rapidamente.

• Se parlate di cultura, e ricevete ringhiose risposte stitiche a mezza bocca come «è difficile essere dei grandi pamphlettisti»; non capirete cosa vuole dire, e forse non lo capisce anche lui perché non prosegue il ragionamento.

• Se invece cercate di parlare del suo sport preferito con considerazioni semplici e patetiche, e lui grugnisce.

• Se quando siete insieme suggerisce sempre passeggiate, lunghissime, che sconfinano nel jogging.

• Se si invita a casa vostra con la scusa di

vedere *E.R.-Medici in prima linea* e guarda davvero *E.R.-Medici in prima linea.*

- Se non guarda mai voi.
- Se succede una di queste cose, uscite con lui solo quando non avete di meglio da fare, e non avete particolari desideri.

Regola 9

Se va bene, tuffatevi nella vita notturna, ma senza di lui. Come non impazzire durante il ridicolo minuetto tra la prima cena e la prima copula

Se Dio vuole, la vostra lunga marcia verso una vita relazionale migliore è iniziata; e dovete evitare di far cazzate in questa fase delicatissima. Lo sappiamo che siete nervose, che non riuscite a pensare ad altro; ma dovete farvi forza e prendere precauzioni.

Importante, sopra ogni altra cosa, è il dosaggio del telefono: se, come è sperabile, il Tizio vi chiama per fare due chiacchiere, dovete intrattenere la preda senza che si annoi. Utile a questo scopo è trovare un comune tormentone: una battuta, un nomignolo, un comune amico che poveretto vi fa tanto ridere. Ascoltando i suoi discorsi telefonici, riuscirete probabilmente anche a scoprire una comune passione scema; cose come i supplì, Laura Pausini, le automobili coreane, grazie alla quale vi potrete sentire capiti e uniti contro il mondo. Va bene pure individuare un piccolo problema su cui lui vi può consigliare e consolare e un piccolo problema suo per il quale potete fare lo stesso (mi raccomando: piccolo; se tutto va bene, con i suoi problemi grossi vi rovinerà la vita per molto, molto tempo).

Intanto, uscite. Chiamate amici, spasimanti innocui, persone che hanno voglia di vedervi e però vi annoiano ma per riempire le serate buche (in cui non è mai bene che, se il Tizio chiama, vi trovi a casa). Ma attenzione: non fate tardissimo e soprattutto non flirtate. Il mondo è pettegolo, c'è molta più gente di quel che pensate che sa chi siete e che non si fa gli affari suoi. Così: se per caso mettete una volta una minigonna un po' inguinale o siete un po' affettuose con un fidanzato risalente alla seconda media, sicuramente qualcuno il giorno dopo glielo dirà; e non farete la figura delle donne corteggiate ma delle donne assatanate. Meglio mantenere una propria regalità.

E poi, andate tantissimo al cinema e alle mostre; concentratevi tentando di avere riflessioni culturali. Se non vi riesce andate pure a ballare, ma vestite castigate, se possibile.

Regola 9 bis

Brooke Shields ha fatto ridere i polli. Perché, causa eccesso di offerta e noia maschile, le troppo preziose restano senza uomini

Ecco a voi alcuni casi sui cui è necessario riflettere. Il primo è quello di Giulietta.

Giulietta era bellissima, ma aveva un segreto: fino a diciassette anni era stata una ragazzina sgraziata e cicciotta. Una che i ragazzi non guardavano neanche per sbaglio. Una che, nella sua prima adolescenza oscura, aveva meditato propositi di vendetta: «Se mai diventerò carina», preannunciava bellicosa, «la farò pagare a tutti gli uomini che mi hanno fatto soffrire ignorandomi». Altro che carina: Giulietta dimagrì, si alzò e diventò una specie di top model. E riuscì nel suo proposito: fece star male, soffrire d'ansia ed esulcerare nella (generalmente inutile) attesa battaglioni di Tizi di tutti i generi; ma specialmente belli, ricchi e simpatici. Ma soffrirono poi tanto, quei Tizi? Insomma; qualche giorno, qualche settimana, qualche mese. Poi si rimisero tutti in forma, dissero in giro: «Giulietta è una che non la dà, ma chissene frega tanto ha le tette piccole», e si fidanzarono, sposarono e riprodussero con certe Benedette e Marie Letizie che di Giulietta non valevano l'unghia dell'alluce. La stessa Giulietta, dopo tanti anni da signornò, sta con un Tizio che non ritiene valga granché; ma si è rassegnata, perché è grandicella e la domanda si è ristretta.

Betta (la protagonista della seconda storia) invece è sempre stata carina. La più graziosa delle elementari, la più bella delle medie, la più figa del liceo. Ha sempre dato il suo bell'aspetto per scontato. Ha sempre ritenuto che i ragazzi prima e gli uomini poi le dovessero onori e rispetto solo per il fatto che lei gli diceva «buongiorno». La mamma e il papà le smistavano le telefonate, però tranquilli: sapevano che la loro Betta aveva gusti difficili. Tradotto in vita normale: Betta si piaceva talmente che non trovava mai qualcuno che le piacesse quanto lei stessa. Ma è sempre il caso di piacersi tanto? Col passare del tempo, la monella dai riccioli d'oro che era Betta cominciò a trasformarsi sempre più in un donnino slavato e rinsecchito; assai meno appetibile di una volta. Ma lei era poco, anzi per niente abituata a faticare con l'altro sesso. E faticò anche a capire che, se lei era ancora restia a concedersi, quasi tutti gli uomini erano restii a disperarsi. Ora è spiazzata e attonitamente single.

Andreina non era male, ma era cresciuta con la nonna. Diventò un'adolescente vestita da zitella inglese, che piaceva ai più timidi e ai più perversi della classe, ma totalmente incapace di concludere alcunché. Anche la nuova convivenza con la madre giovane, vissuta all'estero e con amanti, la reprimeva ostilmente invece di svegliarla. Perse la virtù dopo i vent'anni, con uno che la lasciò quasi subito. Poi sposò il fratello di lui, conquistato soprattutto (e solo) dal suo essere perbene. Fu lasciata dopo un anno per una super-squinzia, giovane attrice di sceneggiati. Poi si è rifidanzata e ha avuto un figlio; ma il suo potere sugli uomini resta sotto zero.

Le tre storie, garantite autentiche, hanno nella loro diversità un'unica morale: a non darla per principio si rischiano disastri esistenziali. È un'affermazione banale e superata? Piacerebbe pure a noi poterlo dire. Invece no: dopo anni di post-rivoluzione sessuale, in cui (quasi) tutte erano informate del diritto (in certi casi ahimè diventato dovere) a una ricca e piena vita erotica, c'è stata un'ampia reazione furbetto-perbenista. Di donne che dicevano alle altre donne: fate come le nonne, non datela sennò non vi rispetteranno e non otterrete nulla.

Orbene, care ragazze, sappiate che la quasi totalità degli uomini non vi rispetta in ogni caso; se non per maschilismo, per scemaggine o per paura.

E anche se danno le viste di rispettarvi, vogliono, come voi, ottenere dei vantaggi. Mentre non vogliono sudare sette camicie per qualcosa che (ormai lo sanno bene) non è d'oro.

Attenzione: questo non è un invito a imitare Milly D'Abbraccio o altre simpatiche pornostar. È solo un incoraggiamento a perseguire le proprie più o meno sane e più o meno consapevoli libidini. La vita è dura e, quando non è dura, è noiosa; bisogna saper godere e divertirsi un po'. E poi, per citare Molière, le preziose sono ridicole. Guardate Brooke Shields, che a furia di fare la vergine in mondovisione si è trovata a doversi attaccare, devota e patetica, al tennista Andre Agassi che è palesemente un cretino.

In altre parole: se il Tizio vi piace, non fate passare troppe uscite senza fare qualcosa di divertente. Sarà interessante, o almeno illuminante (se scopriste che porta slippini setificati color oro con la conchiglia conformata che fareste? Proseguireste la relazione?) per tutti e due.

P.S. Comunque, libidine sì ma con giudizio. Il sesso è cruciale, ma un Tizio proponibile non deve proporre solo quello. Per maggiori informazioni, leggete, appunto, *L'informazione* di Martin Amis; in cui si spiega perché sposare la propria ossessione sessuale non è un'idea delle migliori.

Regola 10

L'importante è divertirsi. Otto strategie per condurre trionfalmente la prima copula. Perché bisogna mostrare quel che piace senza essere dirigiste

Ci siete. Sarà (lo speriamo tanto per voi) bellissimo. Dateci però qualche minuto per intrometterci, e darvi qualche piccolo suggerimento.

1) Al primo bacio sulla bocca, fate in modo che ne seguano altri sempre sulle labbra, aprendole progressivamente ma lentamente. Avete presente gli «smack smack» in penombra che ci sono al cinema? Ecco, così. Questa tecnica vi permetterà il liberarsi più graduale della libido femminile (che non è proprio come quella maschile); e contemporaneamente creerà più libidine e aspettativa nel Tizio. Insomma, fategli sudare un po' la vostra lingua. Ciò eviterà anche che lui vi piazzi subito il suo linguone in bocca e si convinca che siete voi una tremenda allupata stupratrice perché l'avete acchiappata.

2) Alla prima carezza su una tetta, allun-

gate una mano (delicatamente) sul suo torace. State attente perché qui i gusti variano in modo pazzesco: alcuni adorano cattivissime strizzate ai capezzoli, altri se gli sfiorate i peli contropelo vengono colti da crisi isterica. Cominciate a muovervi valutando contemporaneamente due fattori: il suo «mugolometro», cioè il tono e l'intensità dei mugolii conseguenti a ogni atto suo o vostro, e se le cose che vedete piacciono a voi. Non è difficile: se l'inciucio funziona, vi verrà naturale. Rilassatevi, anzi no.

3) Non abbiate fretta di agguantare organi sessuali di sorta, anche se morite dalla voglia o siete semplicemente molto curiose. Non bisogna bistrattare troppo le povere nonne delle Regole: la prima volta, far scendere prima il Tizio ai (vostri) genitali è generalmente una buona politica.

4) Anche se il primo contatto con l'organo riproduttivo non vi ha lasciato entusiaste, aspettate un pochino prima di darvi al sesso orale. Sia che lo progettiate voi (un tuffo troppo rapido e vorace fa prostituta nigeriana che va di fretta), sia che lo chieda lui: prima toglietevi un po' di vestiti, che diamine.

5) Al momento di spogliarvi, cancellate dalla vostra mente tutti i modelli maschili proposti dai media contemporanei: tutto lo spettro che va da Arnold Schwarzenegger

a Kim Rossi Stuart. Il nuovo Tizio è novità, è scoperta, è un individuo unico al mondo (se non altro perché non ci sono due che si somigliano perfettamente); tuffatevi nel piacere delle cose mai viste. Male che vada è un'esperienza.

6) La maggior parte delle donne ha, per gli uomini, un profumo intimo interessante. Perciò se il Tizio si vuol meritevolmente dedicare al sesso orale, non fatevi venire paranoie. Rilassatevi, perché è una pratica ottima.

7) Reciprocate: anche le donne eccellenti praticano sesso orale agli uomini senza problemi. Non sentitevi sminuite (né, necessariamente, dovete subodorare difficoltà) se vi viene sollecitato. Chi lo sollecita deve però conoscere l'esistenza del bidet. Se sembra ignorarla ma nel complesso vi pare un bravo giovane, fatevi un appunto mentale di riformarlo in seguito.

8) Ricordatevi che in novantacinque casi su cento la prima volta non è granché. Ma le premesse per una buona intesa sessuale si notano subito. Per cui: se il Tizio vi piace nel talamo ma non vi ha convinto del tutto, vale la pena di mostrare apprezzamento; anche di esagerare un pochino. Ma solo un pochino, per dargli voglia e coraggio; non deve diventare un'abitudine. Altrimenti l'incoraggiamento diventa equivo-

co. Un equivoco che con il tempo è sempre più difficile da chiarire. E che finirebbe per negare proprio a voi una vita sessuale decente. E Dio sa se in tempi come questi non ce n'è bisogno.

Regola 11

Non telefonate il giorno dopo, ma due giorni dopo sì. Fenomenologia del riottoso a medio termine e come riacciuffarlo. Premi di consolazione se va male. Repêchage, una giornata di cure di bellezza, di sfruttamento bieco di un amico del cuore, una seduta da una psicologa donna (non psicanalista: la terapia durerebbe troppo e ne uscireste intorno all'età della menopausa)

Lui è sgusciato via in piena notte lasciandovi sciroccate; voi siete sgusciate via in piena notte (un'ottima idea se l'iniziativa è vostra; pessima invece se vi butta fuori lui); o forse vi siete svegliati insieme in preda all'effetto Madagascar: che avviene quando ti svegli vicino a qualcuno nuovissimo, non sai che fare e vorresti essere in Madagascar. Comunque vada (anche — tacitamente — se uno dei due si è dato alla macchia mentre l'altro dormiva, si spera lasciando un bigliettino), si pone il problema dell'«e adesso?»

E adesso? Gli sono piaciuta? Ho fatto qualcosa di sbagliato? Ho fatto un casino quando per muovermi sinuosamente nel letto gli ho piantato un gomito negli intestini e lui ha la digestione difficile? Soprattutto: richiamerà? E quando richiamerà?

Guardiamoci negli occhi e affrontiamo la realtà: alcuni uomini richiamano, altri no. Però c'è un'altra realtà di cui tenere conto: alcuni uomini vorremmo che richiamassero, altri no. Se affrontiamo la realtà e vorremmo tanto riuscire a costruirci una realtà migliore, dobbiamo essere pronte a correre dei rischi. In questo caso, correre dei rischi vuol dire richiamare (personalmente) noi.

Non subito; neanche Heidi l'ingenua dei cartoni potrebbe darvi un simile consiglio da kamikaze. Se donna, chiamare il giorno dopo è tuttora proibitissimo: fa patetico, fa disperato, fa ansiogeno, fa allupatissima in caccia dura. Non va fatto; unica eccezione possibile è se temete di aver lasciato a casa sua degli orecchini di smeraldi di grande valore che vi regalò un uomo che avete amato e perduto (però la prima notte vi aveva buttato fuori da casa sua; signora mia, il buongiorno si vede dal mattino, certo che l'avete perduto). In tutti gli altri casi, meglio tagliarsi le mani.

Quindi, per la giornata successiva alla

prima copula, rassegnatevi: non c'è nulla che potete fare. Alcune sperano perciò che essa abbia luogo in un giorno lavorativo, così hanno da fare. Errore: non avete dormito niente, siete agitatissime e potreste combinare pasticci di cui pentirvi in seguito. Per questo, a costo di passare per piccolo borghesi, noi raccomandiamo che la prima notte di sesso abbia luogo in un prefestivo. Chi ha lavoro o lezioni sa perché: ci vuole una giornata di agitazione e decompressione al tempo stesso, senza nient'altro a cui pensare che il Tizio.

Avete quindi bisogno di due cose: un discreto budget e un'amica del cuore disponibile. L'amica del cuore (se la cosa è seria) deve essere disponibile a vedervi, non a stare meramente al telefono in questa fase (MOLTIPLICATE LE AMICHE DEL CUORE, MA CON GIUDIZIO). Con lei dovete possibilmente fare qualcosa di sfizioso. Almeno un aperitivo in un posto bello della vostra città. Ma l'ideale (se la prima copula è avvenuta di venerdì e avete un sabato a disposizione) sarebbe andare, voi e la vostra amica, a fare un trattamento di bellezza. ATTENZIONE: non andate dal parrucchiere se non per ritocchi marginalissimi e messe in piega; nello stato confusionale in cui siete, potreste soccombere a tagli e tinture che vi renderebbero improponibile a un uomo normale. Questo consiglio è molto importante. Quello che vi farebbe veramente bene è un makeover di quelli goduti dalle donne di *Donne* di Cukor: massaggi, sauna, maschere e fanghi, pulizia del viso e così via. Ricordate: quelle di Cukor sapevano vivere. Comunque, se la vostra amica non è della partita e sapete dove andare, potete farlo da sola. Se voi e lei siete socie della stessa super-palestra (un'eventualità che ci auguriamo per voi) potete almeno farvi un po' di stretching, jacuzzi, sauna o bagno turco, e tornare a casa incremate e felici.

Sennò, può andar bene anche un po' di shopping. Ma attenzione, di nuovo: cercate di fare mente locale e ricordare che cosa avete fatto in precedenti situazioni analoghe. Se in trance da prima volta avete comprato scarpe dorate e gonne pantaloni, lasciate a casa bancomat, carte di credito e assegni e portatevi dietro massimo centomila; siete a rischio. Se invece l'accadimento vi rende più acute e avete corso rischi e comprato cose che vi stanno benissimo a sorpresa e con cui fate la vostra porca figura, questo è il momento per svecchiare il guardaroba.

Se siete veramente esagitate, potete anche tentare un repêchage: acciuffare un vecchio fidanzato/amante che ancora vi piace e si dà senza impegno, e passare con lui qualche ora senza pensare al Tizio. È immorale ma gratifica, e questo noi cerchiamo. Tenendo ovviamente conto che: se avete già appuntamento coll'ex e chiama il Tizio che vuole proprio vedervi e voi volete moltissimo vedere lui, non è il caso né di fare le preziose con il Tizio, né le ultra-leali coll'ex. Se volete tanto stare con il Tizio e non state invece più con l'ex ci sarà pure un motivo. Quindi dategli buca (all'ex).

Chi non è così fortunata o allegrotta da avere un ex sottomano, e magari ha tutte le amiche in week-end, può rivolgersi a una terapista. Terapista donna, e non una luminare: una che abbia abbastanza autorità per dirvi cose ovvie tipo non chiamare il giorno dopo e farsi dare retta. E quindi: meglio un telefono amico di una vera psicanalista, che potrebbe adocchiare le vostre turbe e tenervi incastrati, costosamente, per anni.

Se non chiama dopo due giorni, potete pensare a telefonargli. In due casi: se ritenete che il suo groviglio mentale richieda il vostro intervento, o se pensate che il vostro groviglio mentale richiede il vostro intervento. Però non chiamate con delle scuse tipo: «Mi hai detto che il tuo amico Pierluigi va a un centro new age che gli ha fatto tanto bene che mi daresti il numero».

Siate decise: chiedetegli come sta e, se non comincia a dire che ha la gastrite e che è appena arrivata sua moglie da Campobasso (scusa se non te l'avevo detto, coccola) coi sei bambini, invitatelo con decisione da qualche parte per la serata. Se vi dice di no senza prendere subito un altro appuntamento, mettetevi il cuore in pace; non era cosa. Allora potreste davvero, per sentirvi meglio, cambiare taglio e colore di capelli. Se vi dice di sì, siate liete: potrebbe essere l'inizio di un'interessante avventura.

Regola 12

Mollatelo rapidamente se vi considera un mezzo cesso o se evita di presentarvi agli amici. Se poi cambia strada quando vede un suo amico o conoscente, i casi sono due: o ha una seconda fidanzata o si vergogna di voi. Lasciatelo: mettete il vostro cuore in pace e il vostro fisico nelle mani di estetiste e massaggiatrici shiatzu. Triste aneddoto della ragazza che non voleva ascoltare i mille segnali che le arrivavano dal suo fidanzato, perbenissimo e freddino, e lo sposò

Ok, adesso voi e il Tizio state insieme, o almeno così voi pensate. Lui vi chiama ogni due-tre giorni e vi viene a trovare, e voi gli preparate la cena e poi fate sesso, o andate da lui, e mangiate schifezze davanti alla tivù e poi fate sesso, oppure vi porta in macchina o in strani scortichi a fare sesso. Non siete mai andati insieme al cinema o a bere o a ballare; quasi mai a cena, se non da cinesi temutissimi o in pizzerie fuori mano. E – prova del nove – non siete mai usciti con lui e qualche suo amico. Vi pare una cosa strana? Con gli altri non era successo? Avete ragione. Questo ragazzo (lo chiamiamo ragazzo senza badare alla sua età, perché certamente ha delle turbe adolescenziali) non è sicuro di come siete voi, nel senso che non è sicuro di come è lui. Tradotto: essendo molto insicuro, teme che le donne con cui va in giro vengano percepite come brutte, squallide o chissà che dai suoi amici, e perciò le tiene nascoste. Per questo, se siete incappate in un Tizio del genere, state attentissime e pensate prima di tutto a salvare il vostro amor proprio. Se lui vede gli amici da solo, se lui riferisce atroci giudizi degli amici (che descrive come fighissimi) sull'aspetto delle donne, se fa battute sul vostro aspetto, mollatelo subito, ma subitissimo; abbiate almeno la soddisfazione di lasciarlo come un baccalà. Fatelo quindi a freddo; non sull'onda di un litigio perché non vi ha portato a una festa o ha mal recensito i vostri glutei. Fatelo due giorni dopo, freddamente, al telefono quando chiama lui, spiegandogli solo che vi siete stufata: se c'è una cosa che manda in bestia questo tipo di Tizio insicurissimo è il venire scaricato senza spiegazioni che potrebbe ritorcere contro di voi. Poi consolatevi e pensate: non valeva la pena, era uno col culo basso.

C'è anche un altro tipo di uomo che vi considera un mezzo cesso, ma lo fa più abilmente: il bravo giovine posapiano che si vuole sistemare e si mette con voi in base a un'affettuosa analisi costi-benefici. I risultati di questa analisi lo ecciteranno brevemente, e per un po' tutto vi sembrerà normale. Poi tutto finirà: il sesso sarà per lui una frettolosa incombenza settimanale disbrigata con poca grazia, e comincerà a darvi consigli come se fosse un amico parrucchiere gay. Questo infatti è un Tizio che ha bisogno di una fidanzata/moglie per molti motivi pratici; e la porta volentierissimo a cene feste raduni aziendali, e chi più ne ha più ne metta. Ma dopo poco comincia ad accompagnarla a far spese, a suggerirle abiti che le donano, pettinature e trucchi che la imbelliscano un po'. Anche questo Tizio è da mollare: con garbo, rapidità e una bella storia di sesso che nel frattempo consoli. È, ripetiamo, da mollare, anche se è tanto un caro giovane.

Beh, se non altro... Diranno le nostre giovani lettrici. Se non altro un corno: sapete a che vi servirà questo nuovo look che vi rende più carine? Vi risponderemo brutalmente: a trovarvi un amante che finalmente faccia sesso con voi. L'avere un Tizio amante vi scombussolerà gravemente, e vi sentirete molto in colpa col Tizio ufficiale, che è veramente un caro giovane. Ma quanto caro? Una nostra amica dilaniata dal rimorso di un adulterio ferocemente in corso si mise una notte a leggere di nascosto il diario-autoanalisi del suo non focoso marito. A lei era dedicato un solo paragrafo, che cominciava così: «Non è certo una figa che blocca il traffico». Ciò scatenò un'ira di Dio che al momento non sembra essere finita. I due oggi sono felicemente separati. Lei vive col Tizio amante, che ha ancora molti problemi a presentarla ai suoi amici, lui con una nuova e affezionata fidanzata; che però, chissà perché a certi uomini va sempre male, non è una figa che blocca il traffico.

Regola 13

Se non vi regala niente, fatevi un regalo da sola. Per esempio, un altro giovanotto. Perché certi comportamenti meritano una giusta punizione. Casistica dei regali che mandano in bestia: scatole di cioccolatini che non vi piacciono a forma di cuore, fiori in saldo che vi danno crisi d'asma, gioiellini prodotti da etnie a cambio favorevole. Perché l'uomo micragnoso va accettato solo se ricco. Come irretirlo e farsi intestare appartamenti

Alla maggior parte degli uomini non viene mai in mente di portare fiori; e se lo fanno, le loro donne sospettano che abbiano fatto chissà che. La quasi totalità degli uomini, poi, vorrebbe non dover fare regali a mogli e fidanzate consolidate; e considera il fatto che esse ci tengano come un portato della loro fragile psiche. Molti uomini detestano portare fiori o fare regali anche all'inizio di una relazione promettente. Ciò è sgradevole ma non terribile: si tratta di una normale aridità (leggi tirchieria) maschile, del genere di cui si legge in migliaia e migliaia di libri sui casini tra maschi e femmine. Se il vostro Tizio ha queste tendenze poco generose, avete la nostra solidarietà: è una cosa avvilente. Più avvilente che preoccupante, però. Nel caso il Tizio sia preso da voi, attratto in giusta misura, e sempre più desideroso di condividere la vita con voi, potete fare i conti con la sua micragna. Cioè: non lamentatevene; non fatene un motivo di lite e rottura ma invece imparate a conviverci. Per resistere e non incazzarvi come iene, dovete farvi dei bei regali da sola.

E poi, bisogna concordare con se stesse una strategia graduale. Abituandolo piano piano a spendere per voi. Cominciate con garbo per non traumatizzarlo: portatelo, per esempio, al bar. Prima qualche colazione con cappuccino e cornetto, poi, quando vedere che inizia a tirare fuori il portafoglio spontaneamente, fatevi offrire un bell'aperitivo in un bel posto; con tanti salatini e magari qualche sandwiccino da pagare a parte. Al momento del conto lo vedrete soffrire; non innervositevi, resistete. Perché la prossima mossa sarà difficilissima: obbligarlo ad invitarvi in una pizzeria all'aperto e costringerlo a regalarvi una rosa. Dovreste fare così: guardare con due occhioni teneri la zingarella o l'extracomunitario, per incoraggiarlo/a ancor di più ad ammollarvi la rosa sul tavolo. Prima che il Tizio la restituisca o insulti il venditore, acciuffatela, odoratela, sbattete le ciglia rivolte al vostro lui. Dovrà cacciare i soldi, e un grosso tabù sarà superato. Dopo qualche sera, potreste perfino tentare di farvi comprare da un ambulante un accendino cinese in rame a forma di tapiro. A questo punto (saranno passati vari mesi), si sta avvicinando il Natale o il vostro compleanno. Voi non vorrete una sorpresa: saprete già che regalo volete. Ne indicherete numero, dimensioni, colore, prezzo e negozio dove acquistarlo. Spiegherete che null'altro andrà bene. Se il Tizio obbedisce, il ghiaccio (un po' di ghiaccio) è rotto.

E ora potete cominciare a pensare in grande. Molti Tizi micragnosi sono infatti ricchi; ma la loro micragna non li rende necessariamente attenti e dotati di senso degli affari. A volte anzi sono proprio fessi. Ed è a questo punto che entrate in scena voi. Dovreste riuscire a rintuzzare un parente infido che gli stava ciulando un'eredità; suggerirgli un buon investimento; mostrargli di saper tenere la contabilità con chiarezza e precisione. Vedrete che, sorpreso e rassicurato come mai nella sua vita di uomo, si abbandonerà a voi come un piccino con la mamma. E, senza che neanche se ne accorga, potrete circuirlo meglio di qualunque Tizio normale. Riuscendo a incamerare qualche gioiello, qualche auto, soprattutto (l'italiano crede nel mattone, non si vede perché non debba l'italiana), qualche bell'appartamento. Non siate disinteressate, mi raccomando!

Con un Tizio tirchio, se siete brave nei conti o negli affari, mostrategli che lo fate guadagnare e lo difendete dai truffatori. E poi truffatelo voi.

P.S. Non siate disinteressate neanche con i Tizi micragnosi poveri ma onesti. Diventereste la prima voce nei tagli al bilancio (niente doni, vacanze e ristoranti) e forse anche un'occasione di risparmio (se per disgrazia sapete cucinare). Siate quindi accomodanti, ma non frugali. Perché nella realtà, come è noto, non lo siete.

Regola 14

Se tacchina le vostre amiche, tacchinate i suoi amici. La storia andrà comunque a scatafascio, ma almeno vi sarete divertite

Il personaggio è tristemente noto a tutte noi: belloccio e tanto vago, detto il Belloccio-Sgualdrinella; oppure tutt'altro che bello, magari sul cicciotto, contraddistinto da un inesauribile desiderio di sesso o presunto tale, ed è detto semplicemente il Maiale. In ambedue i casi, si tratta del Tizio che ci prova con le vostre amiche. Quando lo corteggiavate o vi corteggiava, non avete voluto capirlo, o avete finto di dimenticarvene. Ma già dopo poco, alle prime uscite collettive, la realtà si proporrà in tutta la sua sgradevolezza: il Tizio cingerà i fianchi di queste ragazze a voi care, le riempirà di complimenti, se sono molto carine guarderà e parlerà sempre con loro ignorando voi. Se dopo una serata collettiva con lui vi sentirete molto umiliate, siamo spiacenti: è proprio quel tipo di Tizio lì. E voi dovete prendere provvedimenti.

ATTENZIONE PERÒ: Non siate troppo integraliste.

Se il Tizio fa lo spiritosone con le amiche (vostre; le sue meno se le fila e meglio è) spingendosi fino a battute grassocce ma così trucidotte da essere innocue; se vi fa partecipe di lunghe riflessioni su quale vostra amica si farebbe, come sono a letto, e che genere di relazione sessuale hanno secondo lui con gli uomini, potete stare tranquille. Vuol dire che è un ragazzo rustico ma sincero; che esprime senza problemi una tematica su cui gli uomini dedicano molta parte della loro attività intellettuale (proprio intellettuale; nel senso che a queste cose pensano spessissimo, molto più di quanto le facciano).

Se invece si apparta con loro (sempre le amiche), vi compara sfavorevolmente a loro, e in linea di massima si comporta come un perfetto stronzo, lasciatelo perdere ma anticipandolo sul tempo.

Vale a dire: prima che faccia qualche disastro con qualche altra, fatelo voi col meno peggio dei suoi amici. Tutti e due i Tizi di cui parliamo, il Belloccio-Sgualdrinella e il Maiale, hanno degli amici con cui condividono molti interessi. Quelli del Belloccio sono o vaghi e narcisi come lui, o più sfigati e vivono nella di lui adorazione. In ambedue i casi (per malignità narcisistica verso un amico-rivale, o per onore inaspettato dalla donna del proprio idolo), l'aggancio rischia di essere un successo. Gli amici del Maiale sono quasi sempre altri maiali, per cui non c'è problema. Non abbiate quindi paura: in una serata collettiva di quelle che il vostro Tizio usa per tacchinare, mettetevi in grande spolvero sexy e tacchinate voi. Quando vedete che il vostro obiettivo sta per essere raggiunto, non avete bisogno di fare nulla che non vogliate: una serata fuori con l'amico del Tizio e qualche avance basteranno per segnare il vostro punto.

Fate ovviamente in modo che il Tizio lo sappia. Non abbiate paura che ciò comprometta una relazione altrimenti promettente: se lui è proprio in quel modo, si è già stufato di voi e sta già trescando con un'altra. Però il dramma finale, per voi neo-maliarda, sarà meno umiliante. Avanti il prossimo.

AVVERTENZA IMPORTANTE. Purtroppo molti uomini infedeli o bigami o tutt'e due non sono solo affascinanti, sono geniali. Uno di essi ha di recente spiegato alle sue tre fidanzate che lui non può lasciare nessuna perché è orfano, e sente ogni abbandono come una morte. Le tre se ne sono dolorosamente convinte, e restano con lui; nessuna di esse obietta che questo

Tizio è orfano di padre e non di madre e che il poveretto è mancato quando il Tizio aveva 32 anni; anzi proprio non osano parlare di cose così delicate. Se siete così sfigate da farvi travolgere da uno del genere, l'unica è il training autogeno; convincetevi che siete più brave di lui in qualcosa e che quella cosa è la più importante. Concentratevi sui suoi lati dementi. Unitevi a un ordine religioso. Fate qualcosa. O, se proprio non siete in grado, tormentate il Tizio (generalmente di successo) per ottenere tutti i benefici possibili e immaginabili. Se dovete piangere, ignorate i proverbi e cercate di farlo in limousine.

Regola 15

Se esce troppo spesso con i suoi amici, cercate di sposarlo. Ora vi imbufalisce, ma col tempo capirete che un marito poco appiccicoso è una perla rara

Perché perché tu la domenica mi lasci sempre sola — e te ne vai a vedere la partita — di pallone — perché — qualche volta non ci porti pure me.

Questa non è una canzone, è un inno; per milioni di donne alle quali il calcio, ma anche il biliardo il poker il tennis o Internet, insomma tutto ciò che passa per attività ricreative maschili, toglie spessissimo il marito o compagno. La cantava Rita Pavone; che poco dopo sposò Teddy Reno. Avete presente Teddy Reno? Se sì, sapete che voi non l'avreste mai sposato. Al limite preferite il vostro Gianluca, un simpatico assatanato che passa la vita pensando a Weah, Maldini e Costacurta. E vi lascia un sacco di tempo libero.

Sappiamo che cosa ci risponderete: «Sì vabbé ma la domenica è proprio il giorno in cui potremmo stare insieme e lui va allo stadio o invita gli amici per una dieci ore di delirio che va da *Quelli che il calcio* a *Pressing*». Oppure: «Non andiamo mai insieme al cinema però almeno due volte a settimana lui va a fare il lupone cogli amici e non riesco neanche a capire che combina». Ma benedette ragazze: vi siete scordate la delizia del cinema la domenica? Di pomeriggio scuote dal torpore festivo, di sera dà qualcosa in cui sperare e toglie il senso di inedia della domenica a casa. In più dopo, magari solo con un'amica, si può mangiare rispettivamente un gelato o una pizza; o bersi qualcosa. O andare a spasso. O quello che vi pare. E poi: non diteci che non sapete cosa sia la claustrofobia. È quella cosa per cui siete andate via di casa, o vorreste farlo: serate silenziose e strazianti con famiglia istericamente paralizzata, ognuno al suo posto, con televisore/i incessantemente, inutilmente acceso/i. Sognate serate simili col Tizio dei vostri sogni? No, figuriamoci; quello che voi volete, ed è giusto e sano volerlo, è un po' di tranquillità e intimità. E già sapete (ma nella vostra volontà di conquista mista a desiderio di essere rassicurate ve lo siete scordato) che quiete non vuol dire lagna, che intimità non vuol dire appiccicume. E che per sentirvi quiete e intime avete bisogno di passare del tempo con la persona a cui tenete di più, cioè voi stessa. Ciò è impossibile se avete sempre tra i piedi un giuggiolone che non sa cosa fare, che non trova un film da vedere al cinema o in TV, che spende lunghi monologhi su cosa potrebbe mangiarsi a cena o come spuntino. Che orrore! Voi avete bisogno di spazio per fare cose importanti per voi stesse, come telefonare e leggere e depilarvi. E poi, più informate, più colte, più glabre, potrete usare il tempo libero lasciatovi dalle attività maschili del Tizio per uscire, vedere spettacoli, frequentare amici interessanti e conoscerne altri.

Voi potreste replicare: «Non leggo un libro da quando mi obbligarono a commentare *Marcovaldo* alle scuole medie; non brillo in società, sono bionda naturale e senza peli. L'unica cosa che mi interessa è stare sempre appiccicata al giuggiolotto mio». Siamo sicure della vostra sincerità; voi sentite profondamente quel che dite ora. Ora, appunto; tra due anni al massimo, se il giuggiolotto se ne andrà allo stadio al biliardo al bar Tiziana a guardare le ragazze, gli sarete profondamente grate. Perché questo avvenga con frequenza ragionevole, rendete la vostra presenza affettuosa e intrigante, ma non troppo. Se dopo il primo anno (termine massimo dell'innamoramento colloso e feroce, dopodiché si entra nella patologia) il Tizio vorrà stare sempre sempre sempre con voi, siete in un bel guaio. E purtroppo non potrete neanche incoraggiarlo a cercarsi vecchi o nuovi interessi, perché se ci proverete lui si farà un punto d'onore di vivacchiare per casa in mutande, e basta. E per non vivere in cattività dovrete trovare qualche espediente; potreste perfino essere costrette ad avere un amante.

Se invece il ragazzo esce e vuol continuare a farlo, cominciate a pensare dove volete fare la lista di nozze, e rammentate la simpatica barzelletta dello scapolone che si sposa. E subito spiega alla neomoglie che lui ha delle abitudini cui non intende rinunciare: lunedì sera ha il biliardo, martedì il poker, mercoledì il calcetto e così via per tutti i giorni della settimana. E lei risponde che non c'è problema, che anche lei è attaccatissima alle vecchie abitudini. Per esempio, «io la sera dalle nove alle undici scopo. Chi c'è c'è e chi non c'è non c'è».

D'altra parte, se il Tizio pensa che lui può e deve uscire da solo mentre voi dovete restare a casa, rompetegli la testa con una mazza da baseball.

Regola 16

Abbiate rapidamente una crisi isterica. Non cercate di nascondere le vostre intemperanze emotive; se reagirà con calma e affetto, è l'uomo vero che da sempre cercate. Per assicurarvene, abbiate altre crisi isteriche

Non pensate di poter fingere di essere quello che non siete. Guardate in faccia la realtà: vi considerate ragazze calme e concilianti, contente del proprio aspetto, sicure di sé di fronte agli altri, pazienti e sempre gradevoli? Se sì, non vogliamo neanche conoscervi: siete probabilmente molto strane, e temiamo che, qualora mettiate su famiglia, potreste sterminarla con un'ascia dopo averla fatta abboffare di torta di mele. Siamo addirittura tentate di contattare i servizi sociali perché vi rendano innocue. Perciò siate oneste, almeno con noi che vi capiamo: voi sapete bene di essere una personcina intrattabile: insicura e pateticamente vanitosa, timida nei primi approcci e megera con gli intimi. Non pensate, perciò, di darla a bere al Tizio. Se fate il finto angioletto per troppo tempo dopo il corteggiamento e la svolta, siate certe che il vostro caratteraccio verrà fuori; spesso e volentieri nel momento peggiore. Quindi, quando la storia si sta solidificando, non abbiate troppe remore ad avere una crisi isterica nel modo in cui siete abituate: lacrime o lancio di oggetti, scenatacce e recriminazioni o tutto insieme. Niente di esagerato: semplicemente, il tipo di intemperanza emotiva che non siete mai riuscite a frenare e che all'inizio di una relazione in cui si investe molto si può tentare di domare combinando amore e ansiolitici. Sbagliando: care amiche, tenete conto che da quasi un quarto di secolo in Italia esiste il divorzio. Quindi non potete rivelare di colpo che siete nevrasteniche dopo la cerimonia nuziale; perché potreste ritrovarvi comunque con le pive nel sacco. Perciò niente paura: anche perché le sue reazioni vi riveleranno se il Tizio è o no un partner per voi.

Infatti: se il Tizio reagisce con la giusta miscela di interesse e tentativo di tamponare la vostra crisi e gentile assertività nel lavorare a risolverla e a concluderla, avete vinto la lotteria. Acciuffatelo anima e corpo, e perdeteci pure del tempo. Poi spiegate su Internet come e dove lo avete trovato.

Se cerca di contenervi dandovi retta e dandovi modo di concluderla tra pianti e urla senza farvi casino, va bene pure; restate con lui perché è una benedizione. Dopo un po', purtroppo, lo disprezzerete.

Se invece reagirà male, vi farà una scenata lui o vi ignorerà e ve la farà pagare con lunghi silenzi, abbandonate ogni speranza. Non è l'uomo che vi cambierà e vi farà passare gli isterismi; fuori dalla commedia di Shakespeare, le bisbetiche domate non esistono. Sono ex ragazze vispe vittimizzate da mariti violenti, spesso segretamente dedite al Tavernello e all'Amaro Averna. Evitate troppi investimenti sentimentali perché presto starete malissimo.

Ovviamente, una sola crisi isterica non fa testo. Meglio esser sicure e lasciarsi andare ad altre, significative crisi; possibilmente, però, non ravvicinate tra loro.

Regola 17

Fategli subito capire chi è il capo. Perché gli uomini hanno bisogno di una guida. Perché imporsi subito con garbo evitando ristoranti tossici e atroci vacanze

Ci sono cose su cui una donna non può transigere. Queste cose variano da donna a donna. Si va dal coperchio del dentifricio che deve essere chiuso alle vacanze che devono essere culturalmente stimolanti. È necessario ammetterle a se stesse, e capire quanto sono importanti. E poi bisogna comunicare le proprie preferenze con garbo e fermezza. E bisogna farlo subito, già nei mesi dell'allegra vita da neofidanzati. Per esempio, su questioni banali ma cruciali come le prime scelte dei ristoranti. Allora, rendetegli appetibili (è il caso di dirlo) le vostre preferenze e soprattutto le vostre idiosincrasie facendole sembrare inni alla vostra coppia e a lui. Caso tipo: il Tizio vuole mangiare in un ristorante turco; voi piuttosto che mangiare lì guidereste fino al più vicino self service di autogrill. Ma non dite «il turco mi fa cagare andiamo dal cinese o niente». Fate la fanciulla attenta al vostro comune benessere notturno: «Noo dal turco no, che poi puzziamo d'aglio che a me non dà fastidio ma a te ti fa tanto innervosire. D'altra parte a te piace la cucina speziata... senti c'è quel cinese niente male dove vanno un sacco di calciatori, Norberto Bobbio e il cugino tosto di Ligabue; volevo tanto fartelo provare». Così andrete dal cinese, e lui si sentirà intelligente come Bobbio e più tosto di Ligabue, e si sentirà soddisfatto. Insomma, convincetelo che i vostri gusti sono anche i suoi; fatelo con sagacia e tatto. Col tempo potrete diventare più brutali, e lo diventerete.

Ancora più delicata è la questione vacanze. Sulla quale esistono alcune disgraziate verità: se cedete una volta sulla villeggiatura con la (sua) famiglia vi siete rovinate con le vostre mani e nelle estati successive non riuscirete più a sbolognarli. Molto meno pericolosi sono i viaggi con i suoi amici: quando scoppia un dissidio, ogni Tizio che si rispetti è cavallerescamente portato a difendere la sua fidanzata anche se in realtà la strozzerebbe. Però, a meno che i suoi amici non siano esseri abietti, teneteveli cari: dopo anni di vita in comune, le vacanze lunghe a due possono risultare un vero strazio.

Questione super-delicata, quasi più delle altre, è quella dei regali. Nel cinquanta per cento dei casi gli uomini innamorati che fanno regali fanno dei regali terrificanti: la casistica include vestiti damascati tre misure più grandi, libri e dischi che mandereste al macero, piccoli gioielli dalle forme sinistre. La cosa è drammatica, specie per quel che riguarda gioielli e vestiti, che dovrete indossare per compiacerlo. Per il vestito, fatelo quando nessuno vi vede (ottime le cenette molto intime in piccoli sconosciuti locali fuori porta) e manovrate affinché il cameriere rovesci su di voi un piatto ricco di sugo; il che consentirà alla vostra tintoria di commettere le sue solite efferatezze e di rendere indelebili le chiazze. Per i gioielli, potete inventare una piccola rapina (fingete che vi hanno rubato anche il portafogli; e che vi siete tanto spaventata; avrà voglia di proteggervi e ciò per lui sarà un gran regalo). Ovviamente: non fatevi contemporaneamente rovinare il vestito e rubare il gioiello, perché non è solo destabilizzante per il Tizio; è sospetto.

Regola 17 bis

Ricordatevi di Doris Day. In generale, ma soprattutto la scena del *Visone sulla pelle* in cui l'amica le dice: «C'è un momento della vita di una donna in cui deve scegliere se diventare una vecchia onesta zitella o una felice bugiarda». Siate il capo, ma fatelo sentire ganzissimo

È un segnale dell'aver raggiunto l'età adulta il rendersi conto che non potremo mai sapere la verità su molte cose importanti della vita pubblica e privata; sempre ammesso che queste verità esistano. Forse per voi è ancora difficile accettarlo. Siete probabilmente state educate nel culto dell'onestà e della sincerità; venire accusate di doppiezza e calcolo vi sembra una grave onta. D'altra parte: conoscete qualche leader o condottiero che non si sia fatto qualche conto e che non abbia dato qualche fregatura? No, certo; e se in questo mondo per conquistare una vita personale decente bisogna trasformarsi in condottiere e leader, non si può sempre giocare pulito.

E non è il caso di farne una malattia. Ed è pure necessario sapersi coscientemente assumere la leadership; sappiate che i Tizi parlano male delle donne autoritarie che conoscete, definendole arpie e generalesse, per evitare che voi le imitiate.

Purtroppo, qualche volta, finirete per imitarle; anche perché siete ragazze moderne e diventare matriarche dietro le quinte vi fa francamente molto schifo. Però farete sempre, sempre sentire molto ganzo il vostro Tizio; facendogli sentire che quel che perde in potere lo guadagna in glamour.

Per cui: onde acciuffare definitivamente il Tizio, fatelo ingelosire con garbo appena qualcuno non mostruoso e non sfigato vi fa mezzo complimento; senza bisogno di mentire, fategli complimenti appena vi è possibile (una cravatta decente anche se la mise è orribile, una buona performance sportiva anche se è la prima in dieci mesi, un successo sul lavoro anche se secondo voi il Tizio è da licenziamento); se avete litigato pesantemente e lui ce l'ha con voi, mettete su un finto casino come fa nel film Doris Day; magari facendogli sapere (da terze persone, se glielo dite voi siete patetiche) che state per cedere a un altro.

Ma per carità, non andate, come Doris, a un appuntamento con un uomo orribile in un motel; se ricordate il film, sapete che Cary Grant arriva in tempo per un pelo.

Regola 18

Chiedetelo in sposo (possibilmente in un luogo romantico). Perché bisogna sempre dire di non volersi sposare (perché in realtà è vero, ma nessuna lo ammette). Ragioni per cui ci si vuole sposare, divise tra ragionevoli e deliranti. Ragioni per cui la maggioranza dei Tizi non ve lo chiederà neanche dipinti. Modi per farlo

Una nostra amica aveva come sorella maggiore Etta, la Sorella Perfetta. Carina, elegante, giovane ma già dermatologa di successo, Etta stava per sposarsi col suo fidanzato: l'ottimo, affettuoso Claudio. «Perché lo fai, che ti frega?» le chiedevamo noi, giovani e convinte di essere alternative. «Già vivete insieme da anni, che senso ha sposarsi?» «Ha senso sì», rispose la saggia Etta. «Ogni donna ha bisogno di un matrimonio da mettere nel curriculum.»

Come avete già capito, Etta non era detta la Sorella Perfetta per un accidente della storia. E aveva capito che, come spiegano un sacco di pensatori e letterati da Thomas Mann (*Lettera sul matrimonio*: leggete ragazze, leggete! C'è anche in edizione economica) in giù, si deve amare l'idea del matrimonio più che la persona da sposare. Grazie alla moderna, realistica reinterpretazione di Etta, questo concetto ci viene chiarito senza equivoci. Insomma: bisogna sposarsi almeno una volta sennò pare brutto. Per dire: anche una splendida donna che ne ha fatte più di Carlo in Francia, ma che non si è mai sposata (neanche davanti al più grasso sosia di Elvis a Las Vegas, neanche davanti al più triste funzionario comunale a Pescara) non si sente una donna del tutto completa. Il sapere che uno, almeno uno, ha diramato inviti, comprato un vestito sbagliato e dichiarato davanti a un pubblico ufficiale o a un sacerdote che ne fa le veci che vi vuole sopra ogni altra e per sbolognarvi dovrà pagare un avvocato, beh insomma fa un bene incredibile alla vostra autostima.

Ammettere tutto ciò davanti al Tizio, però, è un grave errore

Perché gli darebbe uno squallido squarcio sulla vostra insicurezza, e perché rifiuterebbe ogni idea di nozze fiutando un bidone. E invece no: voi non siete un bidone; voi siete fantastiche, solo un pochino egocentriche perché dovete rifarvi della modestia imposta alle donne per millenni; solo un pochino subdole per ottenere il rispetto sociale che, tuttora, accompagna le donne sposate o che lo sono state e non quelle che hanno evitato il grave passo. Quindi, fate le sciolte e dite che non volete sposarvi. Non proclamatelo ogni momento (saprebbe di fregatura), lasciatelo cadere a mezza bocca quando la conversazione cade sulle nozze di qualcun altro (il massimo dell'ipocrisia, se ne siete capaci, è fingere di inorridire ai frizzi e lazzi nuziali su cui in realtà sognate e vi sdilinquite da anni; ciò rassicura molto il Tizio).

In fondo, non dite neanche una bugia: anche per voi, oggi come oggi, sposarsi non ha più molto senso; e pensate con orrore all'idea di conoscere altri suoi parenti. Ma se non lo faceste pensereste che il Tizio non vi ama abbastanza da sposarvi, che nessuno vi ha mai sposato e altre idiozie che rovinano la vita pure a note scienziate. Quindi, **dovete chiederlo in sposo.**

Non lui? No, lui non lo farà. Solo una piccola minoranza di deliziosi giuggioloni fa apparire anelli con brillocco al ristorante. Gli altri, manifestata una vaghissima disponibilità, aspettano che lo facciate voi.

Quindi, dovrete prima di tutto **portarlo in un luogo romantico.** Poi dovrete **portare il discorso sul tema nozze parlando con una vocina idiota**: un po' infantile e strascicata, del genere, «e dai, dai, dai!» Non ci crederete, o meglio, non crederete a voi stesse, ma funziona. Subito (ma subitissimo) dopo, mentre il Tizio è ancora frastornato e non ha capito bene dove si va a parare, ordinate una bottiglia con bollicine, spumante o champagne. Alzerà il suo bicchiere con una simpatica espressione da asino in mezzo ai suoni, e al terzo calice (tanto ormai la bottiglia va pagata) troverà tutto molto romantico, tipo film.

Possibili alternative: tramonto infuocato, viaggi in macchina tra stupendi paesaggi, notte magica dopo sesso pazzesco. Ma il ristorante è la cosa più comoda; meglio ancora se è un posto tanto carino e da trasferta, viaggio all'estero o week-end alla scoperta dell'Italia minore.

Non vi piace? Molte pur di non farlo e di avere una richiesta ufficiale si mettono in guai bestiali; scoprono piccole irrilevanti tresche del Tizio per poi avere una richiesta di mano per farsi perdonare. Queste situazioni finiscono in disastro. Voi volete sposarvi, non avere una ridicola richiesta di mano. Anzi: pensate alla barzelletta del macellaio da cui arriva un giovanotto e dice: vorrei la mano di sua figlia, e lui chiede: con l'osso o senza?

Ma con l'osso, Santiddio. Non siamo mica donne invertebrate.

P.S. Non pensate che noi e le nostre conoscenti siamo ciniche, o solo ciniche. Etta, la Sorella Perfetta, è ancora felicemente sposata col suo Claudio.

Regola 19

Non scappate prima delle nozze

Quando il dado è tratto e voi avete fatto varie pratiche burocratiche e vi siete promessi di sposarvi davanti a due impiegate circoscrizionali fumatrici di Ms, comincerete ad agitarvi molto. Se da un lato l'idea di sposarvi continua a sembrarvi rassicurante, da un altro cominciate a sentirvi in trappola. Vostra madre vi tacchina brandendo liste di suoi amici e congiunti e brochures di locali adatti al ricevimento, la gente vi chiede se avete una lista di nozze e voi, sentendovi definitivamente cretine, dite sì e spiegate dove. Altra gente invece non ve lo chiede, e voi cominciate a ricevere tori di cristallo, servizi per la fonduta, finte anfore e tantissime pirofile (purtroppo molte donne cominciano a usare le pirofile solo dopo la separazione, quando sono depresse e si fanno la pasta al forno). In più, il Tizio diventa meno sopportabile del solito, finge di non doversi sposare presto, non è cooperativo bensì cripto-sabotatore.

Essendo schifate, vi incazzate spesso e a volte piangete. E vi viene in mente che cambiare idea non è reato. E che potreste stupire tutti partendo per il Sudamerica da un giorno all'altro, una settimana prima delle nozze. E questo non va fatto.

Primo, perché a fare il biglietto aereo all'ultimo si rischia di pagare tariffa intera.

Secondo, perché checché ne pensiamo tutti abbiamo bisogno della nostra famiglia; ma una famiglia costretta a smentire duecento partecipazioni sarà per anni meno solidale del dovuto.

Terzo, perché se scappate dopo il casino che avete fatto vi sentirete un fallimento. Vi sentirete così anche se avevate ragione a dubitare e il matrimonio va rapidamente malissimo; ma in quel caso potrete consolarvi pensando che avete il glamour (?) della divorziata; mentre la nomea della supersingle disturbata che è fuggita alla vigilia delle sue uniche nozze vi renderà un caso umano da cui gli uomini si terranno alla larga. Tenete duro, e ringraziate per le pirofile!

Regola 20

Non ignoratelo il giorno delle nozze anche se vi vergognate di lui

Il matrimonio è la festa della sposa, che ha finalmente acciuffato un marito. Tradizionalmente, lei trionfa sulla zitellaggine e la di lei famiglia, molto sollevata, paga le spese della festa. La sposa deve quindi tenere un atteggiamento comprensivo verso l'acciuffato che le tocca in sorte. Questo perché:

• Lo sposo è la persona che al matrimonio parla meno. È seccato perché si sente incastrato, il pollo della situazione. Molti sconosciuti/e lo abbracciano e lo baciano e gli dicono delle cose, e lui è annichilito. Molti amici gli fanno battute atroci, e questo lo deprime.

• Lo sposo ha fame; non se ne rende neanche conto perché ha lo stomaco in subbuglio, però non riesce ad agguantare neanche una crespella, soffre di caduta degli zuccheri, forse sta bevendo troppo, di certo non ragiona.

• Voi detestate lo sposo: forse vorreste

essere baciate e abbracciate e lui non lo fa perché gli sembra da maritino pirla.

• Voi detestate lo sposo: forse vorreste essere lasciate in pace e lui si avvongola senza farvi respirare perché ha bisogno di protezione.

• Voi detestate lo sposo: vestiti a festa e rilassati, molti vostri conoscenti vi paiono più appetibili di lui.

Tenete perciò presente che quel che vi sta succedendo non è affatto originale: siete travolti dagli eventi, l'intimità e la complicità diventano quasi impossibili. E allora comportatevi con la grazia che si addice ai vincitori (lo siete!) E trattatelo con garbo, affetto, sex appeal e qualche vezzo. Così potrete sentirvi, davanti a lui e agli altri, ma soprattutto nel vostro cuore, una regina.

P.S. Inutile tentare di far qualcosa la prima notte di nozze, perché siete stravolti, è tardi e probabilmente avrete un aereo da prendere all'alba. Non crucciatevene, tanto probabilmente non siete più vergini.

Regola 21

I bambini sono carinissimi. Come cavalcare il proprio orologio biologico e riprodursi alla grandissima (o quasi)

Insomma, vi siete sposate. Per amore, per noia, per ansia, perché vi siete laureate o è finito un contratto di formazione lavoro e non sapete che senso dare alle giornate, perché sennò pare brutto. E adesso molta gente, tra cui verduraie, zie, tassisti che vi riportano a casa dall'aeroporto quando tornate dal viaggio di nozze, e soprattutto vostra madre, troverà importante chiedervi in continuazione quando arriverà un piccino. Voi li liquiderete con una battutella, perché siete moderne. Ma la realtà, lo sappiamo, è un'altra. Se non fate parte dell'assertiva (e fortunata, considerando quel che costa in soldi e smagliature) minoranza di amazzoni poco interessate alla riproduzione, sicuramente ci state pensando, eccome. Disgraziatamente, in quello che oggi è il 70 per cento dei casi (prima no, per un uomo provare la propria virilità e fertilità era importante), nello stesso periodo il vostro Tizio verrà colto da sacro terrore della paternità. Peggio: più siete vicine ai trenta (o ai trentacinque, o ai quaranta), più il Tizio (specie se è vostro coetaneo, ed è perciò convinto di essere vostro figlio) tenderà a traccheggiare. Quindi, se il vostro orologio biologico ulula, non potete pensare di delegare tutto alla Divina Provvidenza. Dovete darvi da fare come non mai. Ecco qualche consiglio; Santa Romana Chiesa non li approverebbe, ma in ultima analisi ne promuoverebbe il fine. Perché mai come in questa fase della vita di una donna, il motto che dà la linea è «non lo fo per piacer mio ma per dare un figlio a Dio». E allora, cominciamo.

Elogio della missionaria. Non è più il momento di fare le spiritose; se certe cosacce sono definite «contro natura» c'è un motivo. E voi, ragazze di mondo, sapete qual è. Per cui preferite sempre la buona vecchia posizione del missionario (ricordiamo: uomo sopra, donna sotto), la migliore per raccogliere liquidi interessanti. Se proprio voi ragazze vi sentite creative (o non volete impedire al Tizio di sentircisi) riportate comunque tutto all'ordine con una piccola evoluzione finale che vi veda opportunamente distese. Attenzione: se siete in periodo fertile, non sprecate neanche un amplesso. Se non lo siete, pensate comunque, come si dice a Roma, che «ogni lassata è persa».

L'improvvisa, ipocrita libidine non è, in questi casi, peccato. Se è il momento giusto per concepire, un'eccessiva enfasi e un minimo di prepotenza nel pretendere amplessi dal Tizio possono produrre dei piccini, quindi vanno bene.

Il termometro per la temperatura basale è un accessorio per pazze ossessive, che infatti rimangono incinte. Per sapere qual è il momento giusto per concepire, ci vuole il termometro per la temperatura basale. Se usato correttamente per tutta la durata di un ciclo, fornisce informazioni attendibili su arrivo e durata del periodo fertile. Quindi non bisogna farsi intimidire dalle accuse di ossessività e ridicolaggine; bisogna essere discrete ma farlo. Chi l'ha fatto spesso può esibire dei risultati.

I test sono un accessorio per pazze ossessive, che infatti sanno subito quando rimangono incinte. La maggior parte dei test di gravidanza costa trentamila lire; sono trentamila lire benedette. Nel dubbio (potete dubitare già da qualche giorno prima delle mestruazioni) spendetele. Questi test sono una meraviglia del progresso, e vanno usati invece di stare agitate perché vi sentite sceme a farli.

Siete incinte! Come dirlo? Grazie ai nuovi, meravigliosi test di gravidanza da trentamila lire in vendita in farmacia, lo potete scoprire da sola, ed emozionarvi di conseguenza. Non ditelo mai, però, al Tizio nel momento in cui lo scoprite: è un momento vostro, dovete sentire godere eventualmente temere le vostre emozioni; evitate quindi di beccarvi le eventuali interferenze negative di una timorosa o aggressiva reazione maschlle.

Come non passare una gravidanza infernale

Ecco alcuni, solidali consigli:

• Non abbiate paura di chiedere cose pratiche al vostro Tizio, ma senza esagerare: un sacco di cose le potete fare pure voi senza diventare troppo dipendenti.

• Approfittate biecamente dei vostri genitori, che, più o meno, vorranno assistervi e proteggervi.

• Approfittate biecamente delle saprofite gravidiche (amiche neanche strettissime che amano seguire gravidanze e nascite);

non sono tante ma sono dedite, costituiranno un aiuto e una compagnia.

• Sentitevi sexy, perché la maggior parte degli uomini e delle donne vi trova tale, quindi non dovete sentirvi una schifezza.

Come partorire come volete. Rassegnatevi: il Tizio ha certamente una madre, una sorella, una cara amica, nei casi peggiori un'ex moglie, che si è rivelata una vera donna. Una che ha partorito due o più creature nel dolore lieto, senza bisogno di cesarei e di anestesie epidurali. Ora, voi siete in una fase emotivamente delicata; ciò non deve farvi però scordare che la mamma, sorella, amica o ex moglie in questione è notoriamente una demente. E che l'epidurale vi può dare un parto sereno con poco dolore; e in molti casi, il cesareo vi evita sofferenze ma soprattutto rischi gravi per il o la piccina. Quindi coinvolgete le vostre amiche, la vostra mamma, i vostri ex fidanzati, il vostro ginecologo/a e fatevi sostenere nelle vostre eventuali scelte poco femminili e poco naturali. Tanto, una volta per tutte, il capo siete voi.

Perché un parto riuscito è un'occasione sociale tra le più gratificanti (e in più diluisce l'idiozia del neopadre). Moltissima gente, specie donne, adora andare a vedere neonati. Se incoraggiata, questa gente si accamperà da voi creando una simpatica atmosfera festaiola. Ciò neutralizzerà anche il neopadre, che sarà o nervosissimo o depresso o ipereccitato e dilagante o semplicemente insopportabile quando arriva. Voi ignoratelo finché potete, e cercate di convincere i partecipanti al parto-party a continuare a seguirvi quando sarete tornate a casa e vi sentirete atrocemente giù di morale. Che Dio vi aiuti!

Regola 22

Quando ce vo' ce vo'. Commettere adulterio non è un dramma ma una cosa che capita. Però c'è da stare attentissime

Va bene, il vostro matrimonio (o convivenza, o quel che è) vi irrita, vi addolora, magari semplicemente vi stufa. E avete conosciuto un Tizio Ganzissimo che vi fa la corte, o a cui la fate voi; e l'inciucio procede. Ma voi siete nervose, vi sentite in colpa, tra l'altro avete una gran paura di essere beccate. Non perdete la trebisonda: stare attente a non farsi scoprire è doveroso; sentirsi in colpa può capitare, perché in effetti state cornificando qualcuno. Ma non è il caso di fare un dramma di una cosa che capita ad altissime percentuali di donne e da qualche decennio, nei paesi civili, non è neanche perseguito dalla legge. Anche voi poi, se ci pensate bene, tutte queste remore non le avete; anzi, dato l'orribile comportamento del Tizio nei vostri confronti è perfettamente normale che voi cerchiate vita, conforto, sesso con qualcun altro. Resta la necessità (non lo ripeteremo mai abbastanza) di essere discrete e di non far casino; alla fine probabilmente lo farete, però val la pena di tenere duro per evitarlo. E poi, anche questo è importantissimo, dovete capire in quale tipo di adulterio vi state infilando. Perché alcuni vanno abbastanza bene, altri garantiscono di sfociare in tragedia. Ecco alcuni tipi tra i più frequenti e qualche consiglio per affrontarli.

L'adulterio Terminator. Non è, come alcune spererebbero, un'avventura con Arnold Schwarzenegger. In questo caso, Terminator siete voi. Per carità, non lo fate apposta. Svariate disavventure hanno fatto nascere in voi un certo astio per gli uomini come categoria. A questo astio, a un certo punto della vostra vita, avete reagito incanalando nel sesso il vostro desiderio di vendetta. E accendendo legami multipli in cui vi comportate carnalmente e perfidamente, con sconquassi a catena, a spese dei Tizi coinvolti. Purtroppo c'è il rischio di incontrarne uno che sconquassa voi; in quel caso, voi commetterete degli eccessi, vi farete scoprire malamente e scoppierà l'ira di Dio. L'adulterio Terminator va perciò tenuto negli argini: continuate a godere perché trattate gli uomini malissimo e non innamoratevi anche se vi fanno una corte straziante. Fatevi invece travolgere se ritenete finito il vostro legame ufficiale, o se non avete un marito ricco.

L'adulterio buonista. È un legame in cui ci si sente atrocemente in colpa per la reciproca, illegale attrazione; in cui ci si confessa, si passeggia, si discute molto. E, praticamente, non si fa nulla. È un caso in cui potete star tranquilli: è assolutamente innocuo.

L'adulterio alla Eva Tremila. Viene messo su per essere beccati, e in flagrante, e con vergogna. È consigliato a quelle col complesso di essere considerate brave noiose ragazze, e alle esibizioniste e a quelle che non ne possono più del loro Tizio che però non si scolla neanche a calci. E che solo un orribile scandalo, che lo trasformerebbe in Stéphanie di Monaco verso voi-Daniel Ducruet, potrà convincere a togliere il disturbo.

L'adulterio dell'amministratore delegato. Molti amministratori delegati considerano un dovere legato alla loro carica diventare bigami. Così conservano una moglie ufficiale (la mamma dei ragazzi) e un'amante più giovane di bell'aspetto con cui andare anche in giro nelle occasioni più informali;

ci sono poi alcune squinzie usa e getta. Alcune amministratrici delegate di successo stanno tentando questa difficile strada. Ma ci dispiace ammettere che poche donne ci riescono; in tempi brevi fanno una scelta o vengono ricoverate in una clinica psichiatrica.

Questo perché dopo poco sia il Tizio marito, sia il Tizio amante, sia i Tizi occasionali vogliono farsi accudire, materialmente e moralmente.

L'adulterio demente. È quello in cui vi fate convincere a mollare tutto e lui non molla nulla. È una piaga femminile di tutti i tempi, tragicamente frequente ancora oggi. Onde evitarlo, raccomandiamo la lettura di alcuni classici, da *Anna Karenina* a *Madame Bovary,* che vi renderanno più intense e profonde.

L'adulterio Tafazzi: dal personaggio di *Mai dire gol* che si martellava volontariamente le parti delicate. Ha luogo se soffrite per un difetto del Tizio, e vi trovate un Tizio amante con lo stesso difetto però maggiorato. Esempio: il Tizio ufficiale non ha quasi mai rapporti sessuali con voi, quello illegale praticamente mai. Oppure: il coniuge vi dice che siete una povera cretina, l'amante che siete una cretina totale. Se ci siete capitata dentro, o siete totalmente scema o avete problemi seri o dovete farvi togliere la fattura. In ogni caso, non avete bisogno di un manuale, ma di una maga o di una psicanalista.

Regola 23

Pensavo fosse Humphrey Bogart e invece era Lino Capolicchio. Come rendersi conto se l'uomo della nostra vita ci sta rovinando la vita

Non vi sembra più un bel sogno, la vostra relazione col Tizio. E neanche una situazione comoda. E neanche qualcosa di meglio di un calcio nel sedere. E nemmeno riuscite a farvene una ragione. Insomma, con lui state malissimo. Siete depresse, o arrabbiate, o catatoniche, spessissimo tutt'e tre. Avete quindi bisogno di mettere a lavorare il vostro cervello e capire se vale la pena di tenersi il proprio compagno o se, come si dice a Napoli, «l'acqua scarseggia e la papera non galleggia». Ecco come.

I segnali opinabili. Per lui

• Vi tradisce brevemente con una squinzia che sparisce con rapidità. Ma non è un gran problema; può succedere e può significare qualche problemuccio, ma è soprattutto una manifestazione di inquietudine e giuggiolonaggine maschile. Fate una dieta-lampo, compratevi una guepière, non dimenticate di prenderlo a cazzotti. Si sentirà importante e desiderato, vi amerà assai.

- Si scorda di pagare le bollette, e vi ritrovate con luce e telefono staccati. Non pensate che abbia rimosso le scadenze perché non vi ama più e non sopporta più il vostro ménage. Gli è semplicemente uscito di mente, perché agli uomini pagare le bollette scoccia da morire e pensano che se il mondo andasse per il verso giusto fare le file sarebbe preciso dovere delle mogli.
- Diventa ossessivo e insiste su una sola, neanche interessantissima posizione sessuale ignorando le altre. Ciò è normale. La maggior parte degli uomini lo fa. Sperate, col tempo e la perizia, di fargli esplorare nuove/vecchie strade.

Per lei

- Cominciate a telefonare ai vecchi fidanzati di un tempo, trovandoli molto interessanti e chiedendovi perché li avete lasciati perdere. È logico e non preoccupante. La loro assenza che li rende mirabili, e la dissonanza cognitiva che vi fa dimenticare quanto erano infami è un fatto della vita. Il vostro Tizio che gira per casa in mutande dandosi grandi grattate di sedere, poveretto, non può competere. Cercate di ricordare che lo facevano anche gli altri.

• Partite all'assalto delle liquidazioni dopo aver stanziato un congruo budget per comprare al Tizio la giacca dei sogni. Poi vedete un vestitiello pazzesco e spendete il budget (più un paio di centinaia di migliaia di lire) per comprarvi quello; e subito vi sentite in colpa, pensando che quando lo amavate veramente avreste girato coi collant bucati per regalargli dei bei calzini. Ma siate realistiche: le relazioni si evolvono, e non potete mica vivere come in un patetico raccontino di Natale.

• Diventate ossessive e insistete su una sola, neanche interessantissima posizione sessuale ignorando le altre. Ciò è normale. La maggior parte delle donne intigna. Sperate che il Tizio, col tempo e la perizia, sappia farvi esplorare nuove/vecchie strade.

I segnali inequivocabili. Per lui

• Almeno ventotto «cari amici» vi fanno sapere che l'hanno incontrato a spasso con un'altra Tizia. Questo vuol dire che il Tizio è innamorato di un'altra, e che nella sua nuova passione non c'è solo sesso, ma anche intenso desiderio di fare i cretini a spasso. Cominciate a fare training autogeno perché sta per scoppiare un gran casino; e forse vi conviene mollarlo prima che lo faccia lui. O, peggio, prima che non lo faccia, e vi costringa a fare la metà casalinga e cornuta di un suo sgangherato doppio ménage.

• Si scorda il vostro anniversario, o si comporta in modo da non festeggiarlo: una nostra amica (l'anniversario cadeva di domenica) fu mandata dal marito a comprare il pranzo celebrativo da McDonald's. Non fate finta di niente, pensando che infuriarsi per questo sia banale. Sarà banale ma è gravissimo. Vuol dire che il Tizio vuole dimenticare di essere sposato o fidanzato con voi. E dopo il non-anniversario, vi filerà via via sempre meno. Anche qui, cercate di prendere provvedimenti in tempo.

• Non vi desidera più sostenendo che dopo un po', in un rapporto, ciò è normale; che lui lavora troppo e/o ha tanti pensieri, e che anche i suoi amici fanno lo stesso. Ciò sarà pure vero; ma è vero anche che non gli tirate più. E che si sta chiedendo perché, e che di quello parla con i suoi amici, e che tra l'altro si sta guardando intorno in cerca di nuove emozioni. Cercatele pure voi.

Per lei

• I suoi rumori in bagno, che un tempo consideravate animalescamente sensuali, vi fanno vomitare. Ciò è un segnale del fatto che non lo accettate più, come uomo e come calciatore.

• Le sue esternazioni, che un tempo vi facevano pensare che fosse intelligentissimo, vi gettano nella disperazione. Vi sentite come la moglie torinese del Verdone di *Bianco, rosso e Verdone* che sospira «Ma Furio...» al marito pazzo ossessivo. Se non riuscite a dire neanche il doveroso «sìì» di routine, mentre in realtà state pensando a quando riuscirete a farvi fare la ceretta, la storia è bella che finita.

• Non lo desiderate sostenendo che dopo un po', in un rapporto, ciò è normale; che lavorate troppo e/o avete tanti pensieri, e che anche le vostre amiche fanno lo stesso. Ciò sarà pure vero; ma è vero anche che non vi attira più. E che vi state chiedendo perché, e che di quello parlate con le vostre amiche, e che tra l'altro vi state guardando intorno in cerca di nuove emozioni. Siate certe che lo sta facendo pure lui.

Le prime mosse

Se i segnali sono opinabili, cercate di rappattumare, di sedurre un po', di domiciliare le bollette in banca, possibilmente sul suo conto. Se sono irrevocabili, iscrivetevi a palestre, circoli e corsi, rifate amicizia con gli amici dimenticati e agganciate qualcuno, possibilmente un bell'avvocato divorzista.

Le seconde contromosse

Se il Tizio reagisce positivamente alle mosse anti-segnali opinabili, insistete. Perché se le cose vanno bene tutto si aggiusta; e se invece si riguastano, esploderanno così tragicamente che voi non avrete dubbi e non vi sentirete neanche in colpa perché siete state deliziose. Se avete cercato di organizzarvi causa segnali inequivocabili, preparatevi comunque a un periodo di profonda crisi. È meglio, potendoselo permettere, prenotare lunghe vacanze all'estero.

Le analisi costi-benefici

Prima di buttare un legame serio (magari matrimoniale) nell'immondizia, chiunque si fa due conti. Chi mi aggiusterà il motorino quando non parte? Come faremo col mutuo casa (ma ragazze, non lo sapevate che la comproprietà è una pessima idea?) ancora da pagare? E soprattutto, come farò da sola? Non voglio stare da sola, non voglio, non vogliooooo...

L'inutilità delle analisi costi-benefici

Potete farvi tutti i conti che vi pare; tanto le cose vanno per conto loro. Per non saper né leggere né scrivere, comunque, preparatevi al peggio.

Regola 24

Non uscite a comprare le sigarette se lui sa che non fumate. Come farla finita senza morti e feriti

Avete capito che la storia non va, che non va più. Avete sofferto, se siete brave siete già riuscite, come dicono gli psicologi, a «elaborare il lutto»; e ora dovete scaricare il Tizio. La cosa è difficilissima se il Tizio vuole restare a tutti i costi con voi; ancora più difficile se anche lui non ne può più; e, come capita, o non riesce ad ammetterlo o vuole assolutamente essere lui a mollarvi, sennò perde ogni autostima.

Per questo, solo le più fortunate riescono a cavarsela con una dolorosa discussione, alcune lacrime, e una breve terrificante serie di dichiarazioni d'addio. La stragrande maggioranza si condanna a mesi di scenate, telefonate, urla & insulti, rappacificazioni prive di senso che durano pochi minuti, rughe precoci e colite. Vale quindi la pena di giocare d'anticipo per fargli fare una vitaccia e convincerlo che senza di voi starebbe molto, molto meglio.

A questo scopo, vale la pena di approfittare delle grandi lezioni di politica e di arte delle relazioni che ci fornisce il caso italiano. E ricalcarle senza vergogna. Ecco come.

La tattica della Finanziaria. Consiste nel terminare una storia utilizzando le stesse porcate impiegate dai politici per far cadere il governo. Prima di tutto, fatelo vivere in un clima di sfiducia continua: smontate puntualmente e sadicamente ogni sua idea e opinione. Altra tattica importante è far mancare il numero legale in certe occasioni: mandarlo da solo a cena da genitori e zii, sparire all'ora del ritorno a casa lasciando un biglietto o un messaggio in segreteria. Utilissimi sono anche gli emendamenti: affogate ogni sua iniziativa in una marea di piccole obiezioni, suggerimenti, controproposte; non riuscirà più a fare nulla. Non può infine mancare l'ostruzionismo vero e proprio: impeditegli di copulare con voi, obbligatelo a fumare sporgendosi dalla finestra per non inquinare (specialmente nelle notti fredde), obbligatelo a uscire se vuole stare a casa e a stare a casa se vuole uscire. E così via. Dopo un po' sarà lui a uscire dalla maggioranza e a concordare con voi lo stato di crisi.

Nel caso non bastasse, c'è sempre:

La tattica dell'Inciucio. Ovvero, come mandare tutto a scatafascio fingendo di cercare nuovi rocamboleschi accordi. Fingete di affrontare di petto la crisi, e inaugurate un tavolo delle trattative. Ogni trattativa prenderà purtroppo svariate ore: si discuterà senza fine dei propri e reciproci problemi, mettendo continuamente condizioni macchinose e deliranti per rilanciare il rapporto e poi cambiandole (ma solo un pochino) in corso d'opera, in modo che tutto si blocchi e sia necessario ricominciare da capo. Questo dovrebbe far sognare al Tizio una rapida emigrazione in un altro continente.

Se però continua a resistere, non resta che:

La tattica Raitivù. Serve a costringere qualcuno alle dimissioni senza che si capisca il perché. Il più classico e apparentemente indolore dei sistemi di liquidazione Rai è il promoveatur ut amoveatur, insomma si promuove per rimuovere. Voi potreste riciclarlo così: improvvisamente dimenticare i vostri reciproci risentimenti e rogne, e cominciare a rilanciare il ménage facendo progetti faraonici. Per dire: lunghe vacanze intime in campagna nelle Marche ospiti di vostra zia Fernanda; l'acquisto di un costoso villino fuori città, per viverci lontano da tutto con un grosso mutuo; tecniche di riproduzione assistita per avere (pensa che carino) tre gemelli se non di più; un viaggio di un mese in Ladakh (il tetto del mondo, peggio del vicino Tibet) dormendo all'addiaccio a seimila metri; incontri regolari e frequenti con i parenti (i vostri); una dieta-urto da seguire insieme. In genere basta la sola idea; altrimenti bisogna darsi un po' da fare. Ma si può star sicuri che, a quel punto, dopo poco scapperà, con perdipiù i sensi di colpa dell'uomo che abbandona.

Epilogo

Le ragazze serie non ci sono più, per fortuna

«Le ragazze serieee non ci sono piùùù — toccano il sederee dandoti del tuuu.» A tutte voi sarà capitato, dalla radio della macchina, di un bar o di chissà dove, di sentire questa importante canzone di Marco Masini; un simpatico cantautore toscano che si fece conoscere anni fa con la profetica (per lui) *Perché lo fai.* Masini, direte voi, esagera: non sono ancora tantissime le palpatrici di glutei scopo conoscenza ed eventuale matrimonio. Comunque, questa è la percezione maschile, qui esposta in modo rozzo ma efficace. Peggio: la canzone finisce con un sostanzialmente compiaciuto «le ragazze serie son rimaste in tre — due si fanno suore, l'ultima è toccata a me». Può fidarsi, il Masini? Se sì, ha probabilmente incontrato il tipo gattamorta/madonnina infilzata che di certo non legge un libro come questo. Chi non lo è, anche provando disperatamente, non riuscirebbe a entrare nel personaggio mite e passivo più di tanto; e finirebbe per esplodere e provocare l'ira di Dio a sé e agli altri.

Per rendervi conto di ciò, vi basta ascoltare un'altra cruciale opera del corpus masinianum, *Bella stronza,* e dar corso senza censure ai vostri pensieri. Vi scoprirete sinceramente spiacenti per il povero Tizio piantato dalla stronza, ma istintivamente convinte che lei non ha fatto male. Perché restare con un simile psicopatico? Uno che per tenerlo buono la stronza una notte ha dovuto chiamare la volante «solo (solo?... NdA) perché avevo perso la pazienza»? Uno che vuole «farti a pezzi quel vestito da puttana e tenerti a gambe aperte finché viene domattina»? Questo non è amore, è roba da Telefono Rosa e successiva denuncia penale. Il fatto che poi la stronza si sia acciuffata un miliardario, che la scarrozza in Ferrari e le paga pure i conti (e quando capita oramai?) non può che riempirci di ammirazione. Di più: ci fa capire che in tanti apparenti bravi ragazzi alligna un trucido cuore da compagno di merende; che il «faccio la tipa perbene e saggia così mi sistemo e sto tranquilla» molto spesso non funziona perché ci si annoia e si accumulano risentimenti (risentimenti che fanno muovere al Bravo Tizio critiche alla «bella stronza che sorride di rancore»). Perché la verità è sempre quella: gli uomini accalappiati coi metodi di una volta sono uomini con cui non possiamo stare troppo bene; perché (ma no! ma va!) non siamo donne di una volta.

E allora, ancora una volta, gambe in spalla. Rinventatevi il vostro destino. Non abbiate paura di essere «sole contro tutti quando io non ci sarò» (altra citazione masiniana); e, quando uno vi dice «ti vorrei anche se fossi un gay» (ulteriore citazione), non innervositevi pensando che forse domani avrà cambiato idea. Avete la vostra vita in mano come le vostre sagge nonne e le vostre polemiche madri non hanno mai potuto avere. Cercate quindi di viverla il più possibile; anche se questo comporta ciclici rischi di solitudine e di fregature solenni. Pensate che, se non siete la ragazza ideale di Marco Masini, ciò è un bene: anche se volete sposarvi a tutti i costi, di certo non volete sposare Marco Masini. Anzi: a questo punto potete anche abbandonare Masini e riflettere proficuamente sugli altrettanto archetipici poemi dell'antichità. Per il momento (storico-sociale) lasciate perdere Ulisse: poche tra noi possono contare su un Penelope che ci aspetta fedelmente mentre facciamo danni in giro per le isole greche (oddio, molte di noi ne hanno fatti, poi però i nostri fidanzati se la son presa tantissimo). E pensate al pio, nel nostro caso chiamiamola pia, Enea. Che come molte di noi ha una lunga storia finita (tale Creusa, un ottimo giovane) e una genitrice inevitabilmente presente (Anchise); che come alcune di noi ha un adorabile figlioletto/a a carico; e veleggia in cerca di una vita migliore. E riesce a superare tragici incidenti di percorso e storie che finiscono a schifìo (Didone, accidenti). Finché arriva alla spiaggia giusta, e dopo una nuova e complicata lotta si mette con Lavinia/Lavinio. Un viaggio esistenziale faticoso, ma ricco; e alla fine, rassicurante e proficuo. Provateci anche voi. Se vi diranno che lo fate perché, stupidamente, volete essere come gli uomini, spiegate che non è così. È che dei buoni studi classici vi hanno aperto la mente. In bocca al lupo e, di nuovo, come diceva Che Guevara: «*Hasta la victoria siempre!*»

Collana «Varia»

Carla Fracci e Daniel Jarach, *La mia vita sulle punte*
Patricia Aburdene e John Naisbitt, *Megatrends per donne*
Mario Pasi e Luigi Pignotti, *Nureyev*
Julie Logan & Arthur Howard, *Il mondo secondo lui & lei*
Mark McCutcheon, *La bussola nel naso*
Mariana Frigeni Careddu, *Leonardo amore mio*
Joe Arden, *Il libro gioco di Stephen King*
Silvan, *Il mondo dell'occulto*
John Fischer, *Come capire il tuo cane*
Camillo Albanese, *Nessuno nasce imparato*
Francesco Varanini, *T'adoriam budget divino*
Vezio Melegari, *La luna e noi*
Adriano De Carlo e Gianni Pulvirenti, *Hollywood zapping*
Davide Paolini, *I magnifici 130*
Valeria Della Valle e Giuseppe Patota, *Il Salvalingua*
Marco Giusti, *Il grande libro di Carosello*
Joe Arden, *Il libro gioco elettronico di Stephen King*
Joe Arden, *Stephen King pocket*
N.E. Genge, *La guida non ufficiale a X-Files*
Mariana Frigeni Careddu, *Il condottiero*
Carla Bonamici e Clotilde Buratti, *Cara mamma*
Valeria Della Valle e Giuseppe Patota, *Il Salvatema*
Patrizia Finucci Gallo, *Gli ultimi peccati*
Deni Tito Braha, *Tatanka*
Davide Paolini, *Guida ai migliori ristoranti d'Europa*
Adriano De Carlo e Walter Favini, *Ti tradirò ti scoprirò*
Gianni Micheloni, *Il gioco delle biglie sulla spiaggia*
Margot Saint-Loup, *177 modi per farla impazzire a letto*
Linus e Daria Bignardi, *Linus chiama Italia*
Frederick Lenz, *Lo zen e l'arte dello snowboard*
Cynthia Mervis Watson con Angela Hynes, *L'alchimia dell'amore*
Peter Neville, *Anche i cani hanno bisogno dell'analista*
N.E. Genge, *La seconda guida non ufficiale a X-Files*
Carla Bonamici e Clotilde Buratti, *Io & te*
Davide Paolini, *Guida alle città del vino*
Mariana Frigeni Careddu, *Ludovico il Moro*
Marcello Lippi con Massimo Lodi, *Il mio calcio la mia Juve*
Mario Gomboli, *Diabolik. Uno strano soggetto*
Angelica de Vito e Matteo Leonardi, *Qualche lira fai-da-te*
Walter Favini, *Delitto quiz*
Domitilla Crespi di Lavagna, *Attrazione trionfale*

Finito di stampare nel maggio 1997
dall'Istituto Grafico Bertello - Borgo San Dalmazzo (Cuneo)
Printed in Italy